KB060447

독도(Dokdo)
다시 술(述)하다

최홍배 지음

박영사

머리말

독도는 우리 민족의 역사와 문화, 그리고 주권의 상징으로서 그 중요성이 날로 부각되고 있습니다. 독도 문제는 단순한 영토 분쟁을 넘어 동북아시아의 국제 정세와 밀접하게 연관되어 있습니다. 본 책에서는 최근의 국제 정세와 일본의 움직임, 그리고 이에 대한 한국의 대응을 심층적으로 분석하여 독도 문제가 현대 사회에서 가지는 시사성을 강조하였습니다.

독도 문제는 전문적인 학술적 주제일 뿐만 아니라, 일반 대중이 충분히 이해하고 공감해야 할 사안입니다. 이 책은 독도가 왜 중요한지, 그리고 우리가 왜 독도를 지켜야 하는지를 명확하게 설명합니다.

독자들이 쉽게 이해할 수 있도록 체계적으로 구성된 이 책은 독도에 관한 전문성을 바탕으로 지식과 정보를 담고 있습니다. 역사적 문헌, 국제법적 근거, 그리고 다양한 학술 자료를 통해 독도에 관한 명확한 사실과 논리적 근거를 재조명하고자 노력하였습니다.

제1장 한국인이 알아야 할 상식에서는 독도에 대해 한국인이 반드시 알아야 할 기본적인 상식을 이해하기 쉽게 요약 정리했습니다.

제2장 일본정부 허위 주장 사실에서는 독도에 대한 일본 외무성의 허위 주장을 반박합니다. 역사적 자료와 국제법적 근거를 통해 일본의 주장이 왜 허위인지를 명확히 설명하였습니다.

제3장 한일 독도 이야기 진실 사실에서는 독도에 관한 흥미로운 질문들과 그에 대한 답변을 담았습니다. 독자들이 궁금해할 수 있는 다

양한 질문들을 통해 독도에 대한 이해를 높이고, 더욱 깊이 있는 정보를 제공합니다.

이 책 "독도(Dokdo) 다시 술(述)하다"는 독도에 대한 새로운 시각과 깊이 있는 정보를 제공함으로써, 독자 여러분의 독도에 대한 이해를 높이고, 우리의 소중한 영토를 지키기 위한 의지를 다지는 데 큰 도움이 되기를 바랍니다. 책이 출판되기까지 많은 도움을 주신 박영사 관계자분들에게 감사의 말씀을 드립니다.

동해 일출을 바라보는 영도 아치섬 연구실에서

저자 최 홍 배

목차
CONTENTS

제2장 일본정부 허위 주장 사실

제3장 한일 독도이야기 진실

한민족의 역사와 함께해온 독도

독도는 역사와 지리적으로 확실히 우리의 국토이자 상징입니다. 한국인이라면 누구나 독도가 우리 땅이라는 것을 확신하고 있습니다. 하지만 근대에 들어 "과연 독도는 우리 땅일까?"라는 의문을 제기하는 사람들이 있습니다. 이는 일본인들의 식민지 근대화론에서 비롯된 것입니다. 심지어 독도가 일본 땅이라는 주장을 하는 사람들도 있습니다. 이런 소모적인 논쟁을 뒤로하고, 우리는 역사적 사실을 바탕으로 독도가 우리 땅임을 분명히 하고자 합니다.

독도를 사랑하는 힘

독도는 1904년 러·일전쟁의 첫 희생물이었고, 1945년 한국 독립의 상징이기도 합니다. 이는 우리가 자손 대대로 물려주어야 할 소중한 자산입니다. 10년 전, 제가 『사랑으로 지키는 독도』를 쓸 때, 왜 그렇게 많은 사람들이 독도를 지키겠다고 나서는지, 그 힘이 어디에서 나오는지 고민했습니다.

2005년, 한국시인협회 시인들이 독도를 방문했습니다. 그때 시인 고은은 "내 조상의 담낭/ 독도/ 내 오랜 담즙으로/ 나는 온갖 파도의 삶을 살았다/(...)/내가 내 자식이 되어/너에게로 돌아온다/내 자식의 담낭, 독도 내 이름을 불러 세상 가득히 너의 천년을 전하여 왔다"고 시를 낭송했습니다. 이 시는 우리 조상들이 독도를 얼마나 사랑하고 지키려 했는지를 잘 보여줍니다.

일제 식민지 36년 동안, 일본은 우리 민족을 일본인으로 동화시키고 민족정신을 말살하려 했습니다. 1945년 8월 15일 광복으로 일본의 한반도 지배는 끝났지만, 조선총독부가 만든 식민사관은 아직도 남아 있습니다. 일본은 역사를 반성하지 않은 채 독도의 진실을 왜곡하고 있습니다. 우리는 독도의 역사를 바로잡아야 합니다. 독도를 사랑하고 해양 영토 주권을 지키는 민족정신의 회복은 독도의 올바른 역사를 바로 세우는 데서 시작됩니다.

독도를 지켜 온 역사 속의 사람들

역사적으로 국왕의 명령을 받고 해양 영토를 수호해 온 많은 인물들이 있습니다. 독도는 우리 땅이라는 노래로 잘 알려진 신라 장군 이사부부터 시작해, 조선 초기 일본 왜구의 침입으로 울릉도 거주민을 보호하기 위해 동해의 험난한 바다를 건넌 김인우, 남회, 조민 등이 있습니다. 조선 중기에는 울릉도 수토정책을 수행한 장한상, 박석창, 한창국이 있었으며, 구한말에는 울릉도에 대한 일본의 침탈이 더욱 심해지자 현지 상황을 조사하러 간 우용정, 이규원 등이 있습니다.

울릉도와 독도를 수호한 인물 중에서 특히 기억해야 할 인물이 있습니다. 17세기 조선 숙종 시대의 안용복은 민간 외교의 선구자였습니다. 실학자 이익은 『성호사설』에서 "안용복은 마쓰시마(松島)도 본래 우리 우산도(芋山島)라고 말하고 일본에 가서 울릉과 우산은 원래 조선에 속한다고 주장했다. 그는 영웅에 비길 만한 사람이다"고 기술 했습니다.

독도의 역사를 바르게 세우고, 독도의 내력을 바로 알며, 우리 민족정기를 세우는 일은 이 시대의 중요한 과제입니다. 독도를 지키기 위해 헌신한 이들 인물들의 노고를 기억하고 그들의 정신을 이어받아 독도를 지키는 것은 우리의 사명입니다.

독도수호와 미래인재

한국 일부에서는 "독도가 한국인을 지배하는 반일 종족주의의 가장 치열한 상징이자 신성한 토템으로 부상하였다. 독도를 응시하면 한국사의 속살이 보인다"고 주장합니다. 그러다 보니 '친일파'와 '이념 편향'으로 서로를 비난하면서 국론이 분열되곤 합니다. 하지만 독도에 대한 올바른 성찰을 통해 이러한 소모적 논쟁은 피해야 합니다.

일본이 자국의 힘을 바탕으로 한국을 식민 지배한 것은 평화와 자유를 말살한 행위였습니다. 만해 한용운은 "자유는 만물의 생명이요 평화는 인생의 행복이다. 압박을 당하는 사람의 주위는 무덤으로 변하며, 쟁탈을 일삼는 자의 주위는 지옥이 된다"라고 말했습니다. 인간의 역사는 자유와 평등을 추구하는 것입니다. 이를 위해서는 평화가 전제되어야 하며, 그것은 자주역량을 갖춘 민족에게만 가능합니다.

일본의 독도 영유권 주장은 앞으로도 계속될 것입니다. 독도를 지키는 것은 단순한 영토 문제가 아니라, 자라나는 세대들에게 민족에 대한 자존심과 자긍심을 심어주어 우리 민족의 정체성과 기개를 기르고 바른 국가관을 갖게 하는 데 있습니다. 따라서 우리는 '선진화된 민족정신 세우기'를 해야 합니다. 독도사랑을 통해 '널리 사람을 이롭게 하는 홍익인간', '모든 사람을 교육하여 구제하는 접화군생', '인간을 세상에서 가장 존귀한 존재로 보는 광명이화'의 정신을 가져야 합니다.

우리는 세계를 이끌 수 있는 리더십을 가진 인재를 양성하고 찾아야 합니다. 이들이 각 분야에서 최고의 지도자가 되어 정의롭고 사람을 섬기며 사회를 통합하는 리더십을 발휘할 수 있도록 해야 합니다. 예지력과 통찰력을 가진 깨어있는 우리 민족이 '증오와 대결'이 아니라 '사랑과 화합'의 메시지를 끊임없이 전해야 합니다. 이를 통해 전 세계 사람들이 화해와 평화를 이루고 서로 사랑하며 살아갈 수 있도록 기여해야 합니다.

우리 민족이 5대양 6대주에서 '진정한 선구자'가 될 때, 독도의 운명은 우리 손에 달려 있습니다. 독도는 우리 민족의 보물섬입니다. 동방의 등불이 평화로 빛날 수 있도록 우리는 무엇을 할 것인가? 끊임없이 질문을 던지고 있습니다.

제1장

상식 한국인이 알아야 할

대한민국 정부는 "독도에 대해 입법, 사법, 행정적으로 확고한 국가 주권을 행사하고 있다. 따라서 독도는 외교 교섭이나 사법적 해결의 대상이 될 수 없다. 일본의 어떠한 도발에도 단호하게 대응하며 독도에 대한 우리의 주권을 수호해 나갈 것이다"고 말합니다. 그러나 일본 정부의 날조된 억지 주장은 지속되고 있습니다.

I. 역사 문헌과 한국 땅 독도

1. 한국이 옛날부터 독도를 인식하고 있었다

일본은 "한국이 옛날부터 독도를 인식하고 있었다는 근거는 없다"고 주장합니다. 그러나 역사 기록에 따르면, 조선 정부는 오래전부터 독도를 인식하고 있었습니다. 조선 시대의 공식 기록인 『세종실록지리지』(1454년)와 『신증동국여지승람』(1531년)에는 독도가 '우산'이라는 이름으로 기록되어 있습니다. 이 기록들은 울릉도와 우산(독도)이 모두 우산국의 땅이며, 우산(독도)이 일본이 말하는 마쓰시마(松島)임을 분명히 하고 있습니다.

또한 조선 후기의 기록인 『동국문헌비고』(1770년), 『만기요람』(1808년), 『증보문헌비고』(1908년)에서도 독도가 한국의 영토임을 명확히 하고 있습니다. 이러한 문헌들을 통해 한국인이 오래전부터 독도를 발견하고 이용하며 실효적으로 통치해 왔음을 알 수 있습니다. 이는 독도가 한국의 고유 영토임을 입증하는 중요한 근거가 됩니다.

그림 1 ▮ 세종실록지리지(1454년)

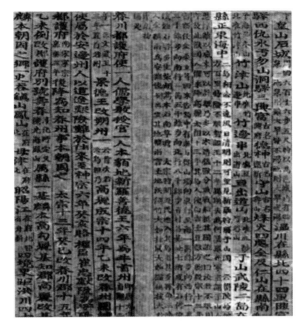

출처: 외교부

2. 일본이 주장하는 고지도는 사실과 다르다

일본은 "옛날부터 독도의 존재를 인식하고 있었다"고 주장합니다. 그 근거로 18세기 고지도인 나카쿠보 세키스이(長久保赤水)의 「개정일본여지노정전도(改正日本輿地路程全図)」(1779년)를 들고 있습니다. 그러나 이 지도에는 울릉도와 독도가 조선 본토와 함께 채색되지 않은 상태로 그려져 있고, 일본의 서북쪽 경계를 울릉도와 독도가 아닌 오키 섬으로 하고 있습니다. 일본 지방관리 사이토 도요노부(齊藤豊宣)

가 쓴 『은주시청합기(隱州視聽合記)』(1667년)에도 이 내용이 기록되어 있습니다. 이는 독도를 일본 영토로 인식하지 않았다는 것을 의미합니다.

반면에 한국은 18세기 이후 「동국대지도」, 「아국총도」, 「해좌전도」 등에서 독도를 울릉도의 부속 도서로 꾸준히 표시해 왔습니다. 이러한 역사적 기록은 한국이 오래전부터 독도를 자국 영토로 인식하고 있었다는 강력한 증거가 됩니다.

그림 2 ▎일본이 주장하는 고지도는 사실과 다르다

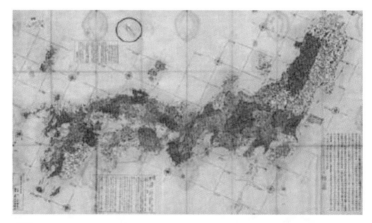

🔺 개정일본여지노정전도 (1791년 재판본)

출처: 외교부

3. 일본은 울릉도와 독도 도항을 금지하였다

17세기 일본 돗토리번의 오야와 무라카와 가문은 조선 영토인 울릉도에서 불법 어로행위를 하다가 1693년(숙종 19년) 울릉도에서 안용복을 비롯한 조선인들과 조우하게 됩니다. 이에 두 가문은 일본 에도 막부에 조선인들의 울릉도 접근을 금지해 달라고 청원하였습니다. 에도 막부는 이를 받아들여 쓰시마번에 조선 정부와 교섭할 것을 지시하였고, 양국 간의 교섭이 시작됩니다. 이 사건을 '울릉도쟁계'라 부릅니다.

이로 인해 1695년 12월 24일, 일본 에도 막부는 돗토리번에 문서를 보내 울릉도가 돗토리번에 속하는지, 그리고 돗토리번에 속하는 다른 섬이 있는지 확인을 요청했습니다. 다음 날인 12월 25일, 돗토리번은 에도 막부에 "다케시마(울릉도)와 마쓰시마(독도)를 포함해 양국(이나바와 호키, 현재의 돗토리현)에 속하는 섬은 없습니다"라고 답변하였습니다. 이는 울릉도와 독도가 돗토리번의 영토가 아님을 명확히 밝힌 것입니다.

이 답변을 바탕으로, 일본 막부는 1696년 1월 28일, 이른바 '다케시마(울릉도) 도해면허'를 취소하고 일본 어민들의 울릉도 도해를 금지하였습니다. 이를 통해 울릉도와 독도가 일본의 영토가 아님을 공식적으로 확인하고, 한 · 일 간의 영토 분쟁을 해결하였습니다. 울릉도 도해 금지에 독도도 포함되어 있었습니다. 이로써 한 · 일 양국 간의 분쟁은 마무리되었고, 울릉도쟁계 과정을 통해 울릉도와 독도가 우리나라 영토임이 명확히 확인되었습니다.

한편, 1740년 요나고 주민의 청원서인 『무라카와 문서(村川家文書)』
에 "울릉도와 독도 두 섬에 대한 도해금지령이 내려진 이후, 요나고
성주가 주민들을 불쌍히 여겨 생계를 유지할 수 있도록 도와주었다"
는 내용이 있습니다. 이 기록은 에도 막부와 요나고 주민들이 모두
독도를 울릉도 도해금지령에 포함된 것으로 인식하고 있었음을 보여
줍니다.

또한, 1837년 하치에몬(八右衛門)이 울릉도에서 밀무역을 하다가
적발된 사건이 있습니다. 이 사건에서 막부는 '울릉도 도해금지령'을
다시 한 번 확인하고, 독도가 그 금지령에 포함되어 있음을 재확인했
습니다. 이로 인해 하치에몬은 처벌을 받게 되었습니다. 이 사례를 통
해 알 수 있는 것은 요나고 주민들은 독도에 접근하는 것이 금지된
행위라는 것을 알고 있었고, 에도 막부가 울릉도와 독도 모두에 대해
도해를 금지하는 명령을 내렸다는 점입니다.

그림 3 ▍죽도제찰

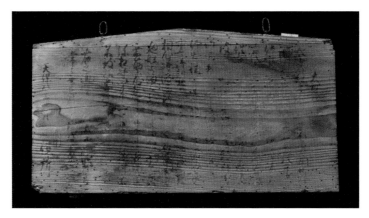

출처: 국립해양박물관

4. 일본의 독도 이용은 실효적 지배가 아니다

조선 정부는 울릉도와 그 주민들을 보호하고, 왜구의 침입을 방지하기 위해 '쇄환(刷還)정책'을 시행했습니다. 이 정책은 울릉도에 거주하던 주민들을 본토로 데려와 살게 하면서 섬을 무인도로 만드는 것이었는데, 이는 조선 정부가 울릉도와 그 인근 섬들에 대한 영유권을 포기한 것이 아니라, 오히려 강화한 조치였습니다.

조선 정부는 울릉도에 관리를 파견해 섬을 관리하고 보호했습니다. 이 쇄환정책은 조선이 울릉도에 대한 지속적인 관심과 관할권을 행사한 증거로 볼 수 있습니다. 예를 들어, 조선 초기에는 '순심경차관(巡審敬差官)'이라는 관리를 울릉도에 파견해 섬을 순찰하고 관리하였습니다.

숙종 시대 이후, 조선 정부는 울릉도에 대한 관리와 보호를 더욱 강화하기 위해 '수토(搜討)제도'를 실시했습니다. 수토제도는 정기적으로 울릉도에 관리를 파견해 섬을 순찰하고, 불법으로 섬에 들어오는 사람들을 단속하는 제도였습니다. 이 제도는 1895년까지 계속되었습니다.

따라서 조선 정부의 쇄환정책과 수토제도는 울릉도와 그 인근 섬들에 대한 영유권 포기가 아니라, 오히려 그 영유권을 확고히 하기 위한 조치였습니다. 조선 정부는 이러한 정책들을 통해 울릉도와 독도에 대한 관할권을 지속적으로 행사해 왔으며, 이는 이들 섬이 조선의 영토임을 명확히 하는 증거입니다.

그림 4 ▮ 죽도도해금지령(1696년)

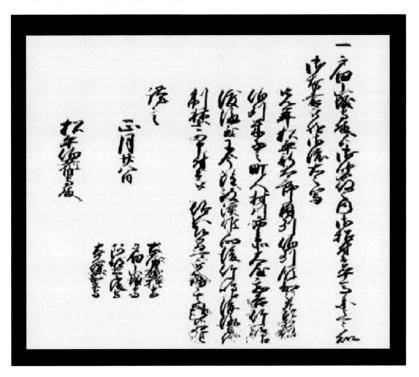

출처: 외교부

5. 일본의 고유영토론 주장은 자기모순이다

　일본 메이지 시기, 일본 내무성은 지적(토지기록부) 편찬사업을 하면서 울릉도와 독도를 포함시켜야 하는지에 대해 고민했습니다. 이에 "동해 내 다케시마(울릉도) 외 일도(독도)의 지적 편찬에 관한 질의"라는 문서를 작성하여 당시 일본 최고 행정기관인 태정관에 제출했습니다.

1877년 3월, 태정관은 에도 막부와 조선 정부 간의 교섭 결과를 토대로 울릉도와 독도가 일본 소속이 아님을 확인했습니다. 그래서 "다케시마(울릉도) 외 일도(독도)에 대해서는 일본과 관계가 없다는 것을 명심할 것"이라는 지시를 내렸습니다. 이 지시를 "태정관지령'이라 부릅니다.

태정관지령에서 언급된 "다케시마 외 일도"의 "일도"는 독도를 가리키며, 이는 지시서에 첨부된「기죽도약도」에 울릉도와 독도가 그려진 점을 통해 명백합니다. 이로써 일본 정부는 울릉도와 독도가 일본 영토가 아님을 인식하고 있었음을 확인할 수 있습니다.

일본은 "1905년 시마네현의 독도 편입은 영유 의사의 재확인이었다"고 주장합니다. 그러나 이는 역사적 사실에 맞지 않는 주장입니다. 17세기 에도 막부 시대인 1696년, 일본 에도 막부는 '울릉도쟁계'라는 외교 분쟁을 통해 울릉도와 독도가 조선 영토임을 확인했습니다. 이 때 오간 문서에서 분명히 "울릉도와 독도는 조선 영토"라고 명시되었습니다.

1905년 시마네현이 독도를 일본 영토로 편입하기 이전까지, 독도를 일본 영토로 기록한 공식 문서는 전혀 없습니다. 이 사실은 17세기에 이미 독도가 조선 영토로 확립되었음을 보여주며, 일본의 주장이 허구임을 증명합니다. 1905년 일본의 독도 편입은 대한제국 주권을 침탈하는 불법적인 행위였습니다. 이는 '영유 의사의 재확인'이 아니라, 명백한 침탈 행위였음을 의미합니다. 따라서 일본의 주장은 역사적 사실에 부합하지 않으며, 독도는 명백히 한국의 영토임을 여러 역사적 기록을 통해 확인할 수 있습니다.

그림 5 ┃ 태정관지령(1877년)

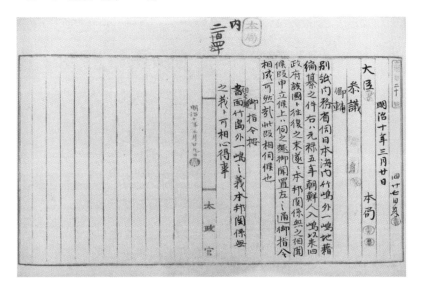

출처: 외교부

II. 근현대사와 한국 땅 독도

1. 1905년 시마네현 독도 편입은 국제법상 불법이다

19세기 말, 일본인들이 울릉도에서 무단으로 목재를 벌채하고 불법 행위를 일삼자, 대한제국 정부는 이에 대응하기 위해 일본 정부에 철수를 요구했습니다. 동시에 울릉도의 지방 행정을 강화하기로 결정했습니다.

1900년 10월 24일, 대한제국의 최고 행정기관인 의정부는 울릉도의 행정 지위를 강화하기로 결정했습니다. 울릉도의 이름을 '울도(鬱島)'로 변경하고, 행정 책임자인 도감을 군수로 승격시키기로 했습니다. 이 결정은 10월 25일 고종황제의 재가를 받았고, 10월 27일에는 '칙령 제41호'로 관보에 게재되었습니다. 칙령 제41호의 제2조는 "울릉전도(鬱陵全島)와 죽도(竹島) 및 석도(石島: 독도)를 관할한다"고 명시했습니다. 이는 독도가 울도군의 관할 구역에 포함된다는 것을 분명히 한 것입니다.

칙령 제41호는 대한제국 정부가 울릉도와 독도를 포함한 지역에 대한 주권을 명확히 행사해 왔음을 보여줍니다. 이를 통해 독도가 역사적으로 한국의 영토임이 공식적으로 확인되었습니다. 1900년 칙령 제41호는 대한제국이 울릉도와 독도를 포함한 지역에 대해 주권을 행사해 온 역사적 사실을 명확히 하고 있습니다. 이러한 역사적 기록은 독도가 한국의 영토임을 명확히 증명해 줍니다. 따라서 일본의 독도 영유권 주장은 역사적 사실에 맞지 않으며, 독도는 명백히 한국의 영토임을 다시 한번 강조할 수 있습니다.

그림 6 ▌ 대한제국 고종황제 칙령 제41호(1900년)

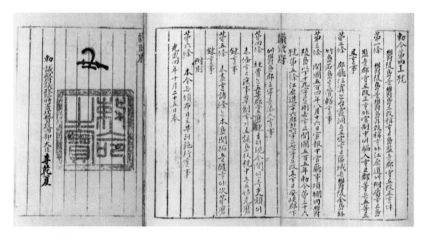

출처: 외교부

한편 1904년 2월, 일본은 「한일의정서」를 통해 러·일 전쟁 수행을 위해 필요한 한국 영토를 자유롭게 사용할 수 있게 했습니다. 당시 일본은 만주와 한반도에 대한 이권을 두고 러시아와 전쟁 중이었으며, 동해에서의 해전 수행을 위한 군사적 필요성이 있었습니다. 일본 외무성 당국자는 "독도에 망루를 세워 무선 전신을 설치하면 적함을 감시하는 데 매우 유리하다"고 인식했습니다. 이러한 과정에서 독도가 일본의 첫 번째 희생물이 되었습니다.

1905년 2월 22일, 일본은 시마네현에 독도를 자국 영토로 편입시켰습니다. 이는 일본이 한국의 국권을 침탈하는 과정의 일환이었습니다. 일본이 독도를 자국 영토로 삼으려 한 것은 국제법적으로 효력이 없는 불법행위입니다. 한국은 오랜 기간 동안 독도에 대한 영유권을 확립해 왔으며, 이를 침해한 일본의 행동은 정당화될 수 없습니다. 따라서 일본의 독도 편입 시도는 군사적 필요성과 한국에 대한 단계적 침탈 과정에서 이루어진 불법행위임을 명확히 알 수 있습니다. 독도는 역사적으로 한국의 영토이며, 일본의 주장은 정당하지 않습니다.

2. 미국무성 러스크 서한은 연합국 의사를 대표하지 않는다

1946년 1월 연합국 최고사령관 지령(SCAPIN) 제677호는 독도를 일본의 통치·행정 범위에서 제외했습니다. 이 지령은 일본의 통치권을 행사할 수 있는 지역을 혼슈, 큐슈, 홋카이도, 시코쿠 등 4개 주요 도서와 약 1천 곳의 인접 소도서로 한정하고, 울릉도, 독도(리앙쿠르암), 제주도를 일본의 영역에서 제외한다고 명시했습니다. 또한, 연합국 최고사령관 지령(SCAPIN) 제1033호는 일본 선박 및 일본 국민의 독도 또는 독도 주변 12해리 이내 접근을 금지했습니다.

이러한 연합국의 조치로 인해 독도는 제2차 세계대전 종전 이후 독립한 대한민국의 영토가 되었습니다. 독도는 카이로 선언과 포츠담 선언, 그리고 연합국사령부의 지령을 통해 일본의 영토에서 제외되었으며, 이는 대한민국의 영토로 확고히 자리 잡게 되었습니다. 이러한 역사적 사실을 통해 독도가 대한민국의 불가분의 영토임이 명확히 확인됩니다.

그러나 일본은 "샌프란시스코 평화조약 작성 과정에서 미국이 독도를 일본 관할하에 있다는 의견을 냈다"고 주장합니다. 그 근거로 1951년 8월 '러스크 서한'에서 "독도는 한국의 일부로 취급된 적이 없으며, 1905년 이래 일본 시마네현 관할 하에 있었다"고 제시하고 있습니다. 그러나 1953년 12월 9일, 덜레스 미 국무장관은 "독도에 대한 미국의 견해는 단지 많은 조약 서명국 중 하나의 견해일 뿐이다"고 말했습니다. 이는 미국의 의견이 독도 문제에 대해 최종적인 결정권을 가지지 않음을 의미합니다.

그림 7 ▎존 포스터 델레스 미 국부장관

러스크 서한은 한국을 제외한 47개 연합국에 알리지 않았고, 비공개 비밀문서로 작성되었습니다. 이는 서한이 국제사회에 공개된 공식 문서가 아님을 보여줍니다. 서한은 미국무성 내부에서만 공유된 의견으로, 독도 영유권에 대한 국제적인 합의나 결정이 아닙니다. 미국은 독도 영유권에 대한 연합국의 의견을 형성하거나 결정할 권한을 다른 국가로부터 위임받지 않았습니다. 따라서 러스크 서한은 독도 영유권을 결정하는 데 아무런 효력이 없습니다.

샌프란시스코 평화조약은 독도 영유권을 명확히 결정하지 않았습니다. 이는 독도 문제에 대해 연합국들이 합의하지 않았음을 의미합니다. 일본이 주장하는 러스크 서한은 독도 영유권에 영향을 미치는 공식 문서가 아닙니다. 이는 단지 미국의 내부 의견일 뿐이며, 국제적인 합의를 반영하지 않습니다. 독도는 역사적으로 한국의 영토입니다. 미국의 비공개 의견 하나로 독도 영유권을 결정할 수 없습니다. 국제법과 역사적 증거에 따라 독도는 분명히 한국의 영토입니다.

그림 8 ▌러스크서한에 대한 미국 입장 전문(1953년 12월 9일)

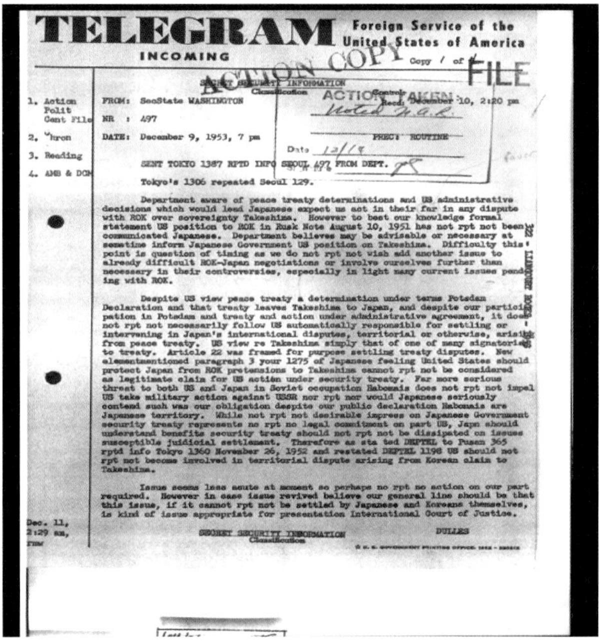

TELEGRAM Foreign Service of the United States of America
INCOMING
ACTION COPY Copy / of
FILE

SECRET SECURITY INFORMATION
Classification

ACTION TAKEN
Control
Recd: December 10, 2:20 pm

1. Action Polit Cent File
2. Chron
3. Reading
4. AMB & DCM

FROM: SecState WASHINGTON
NR : 497
DATE: December 9, 1953, 7 pm

PRECT: ROUTINE
Date 12/14

SENT TOKYO 1387 RPTD INFO SEOUL 497 FROM DEPT.

Tokyo's 1306 repeated Seoul 129.

Department aware of peace treaty determinations and US administrative decisions which would lead Japanese expect us act in their far in any dispute with ROK over sovereignty Takeshima. However to best our knowledge formal statement US position to ROK in Rusk Note August 10, 1951 has not rpt not been communicated Japanese. Department believes may be advisable or necessary at sometime inform Japanese Government US position on Takeshima. Difficulty this point is question of timing as we do not rpt not wish add another issue to already difficult ROK-Japan negotiations or involve ourselves further than necessary in their controversies, especially in light many current issues pending with ROK.

Despite US view peace treaty a determination under terms Potsdam Declaration and that treaty leaves Takeshima to Japan, and despite our participation in Potsdam and treaty and action under administrative agreement, it does not rpt not necessarily follow US automatically responsible for settling or intervening in Japan's international disputes, territorial or otherwise, arising from peace treaty. US view re Takeshima simply that of one of many signatories to treaty. Article 22 was framed for purpose settling treaty disputes. New elementmentioned paragraph 3 your 1275 of Japanese feeling United States should protect Japan from ROK pretensions to Takeshima cannot rpt not be considered as legitimate claim for US action under security treaty. Far more serious threat to both US and Japan in Soviet occupation Habomais does not rpt not impel US take military action against USSR nor rpt nor would Japanese seriously contend such was our obligation despite our public declaration Habomais are Japanese territory. While not rpt not desirable impress on Japanese Government security treaty represents no rpt no legal commitment on part US, Japn should understand benefits security treaty should not rpt not be dissipated on issues susceptible juidicial settlement. Therefore as sta ted DEPTEL to Pusan 365 rptd info Tokyo 1360 November 26, 1952 and restated DEPTEL 1198 US should not rpt not become involved in territorial dispute arising from Korean claim to Takeshima.

Issue seems less acute at moment so perhaps no rpt no action on our part required. However in case issue revived believe our general line should be that this issue, if it cannot rpt not be settled by Japanese and Koreans themselves, is kind of issue appropriate for presentation International Court of Justice.

Dec. 11, 2:29 am, rmw

SECRET SECURITY INFORMATION
Classification

DULLES

출처: M. Lovmo's Site

3. 주일 미군의 독도 폭격 훈련으로 일본 영토가 되지 않는다

샌프란시스코 평화조약(1951년) 제2조(a)는 "일본은 한국의 독립을 인정하고, 제주도, 거문도 및 울릉도를 포함한 한국에 대한 모든 권리, 권원 및 청구권을 포기한다"고 규정하였습니다. 이 조항은 한국의 3000여 개의 섬들 가운데 제주도, 거문도, 울릉도를 예로 들고 있습니다. 독도가 직접적으로 명시되지 않았다고 해서 독도가 한국의 영토가 아니라고 볼 수는 없습니다.

연합국은 1943년 카이로 선언에서 "일본은 폭력과 탐욕으로 탈취한 모든 지역에서 축출될 것"이라고 규정했습니다. 1945년 9월 2일 항복문서에 일본은 카이로 선언의 이행을 조건으로 한 1945년 포츠담 선언을 수용하고 서명하였습니다. 연합국최고사령부(GHQ)가 일본의 패전 후 일본 영토처리에 대한 일련의 행정조치에 따르면 샌프란시스코 평화조약에 일본으로부터 분리되는 한국의 영토에 독도는 당연히 포함된 것으로 봐야 합니다.

그러나 일본은 "주일 미군이 독도를 폭격 훈련 구역으로 지정했던 것은 일본의 독도 영유권을 인정한 증거다"라고 주장합니다. 1948년 6월 8일, 주일 미군이 독도를 폭격 훈련 구역으로 지정하여 폭격을 실시했습니다. 이에 한국 정부는 강력하게 항의했습니다. 한국의 항의에 따라, 미 군정 하지 장군의 지시로 미 5공군 사령부는 독도 폭격 훈련을 중단했습니다.

그림 9 ▌카이로선언

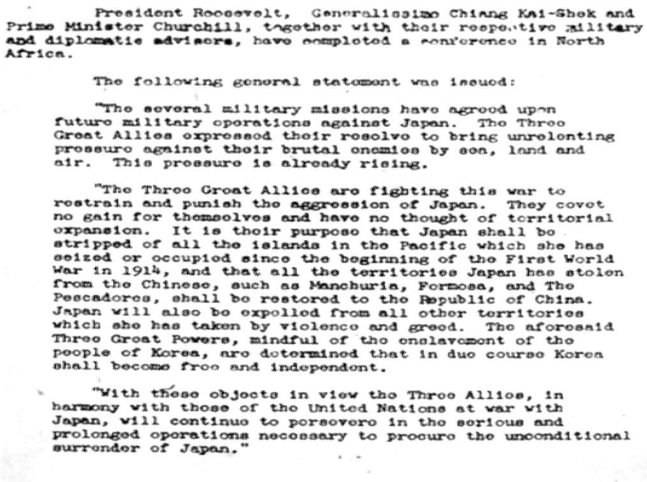

President Roosevelt, Generalissimo Chiang Kai-Shek and Prime Minister Churchill, together with their respective military and diplomatic advisers, have completed a conference in North Africa.

The following general statement was issued:

"The several military missions have agreed upon future military operations against Japan. The Three Great Allies expressed their resolve to bring unrelenting pressure against their brutal enemies by sea, land and air. This pressure is already rising.

"The Three Great Allies are fighting this war to restrain and punish the aggression of Japan. They covet no gain for themselves and have no thought of territorial expansion. It is their purpose that Japan shall be stripped of all the islands in the Pacific which she has seized or occupied since the beginning of the First World War in 1914, and that all the territories Japan has stolen from the Chinese, such as Manchuria, Formosa, and The Pescadores, shall be restored to the Republic of China. Japan will also be expelled from all other territories which she has taken by violence and greed. The aforesaid Three Great Powers, mindful of the enslavement of the people of Korea, are determined that in due course Korea shall become free and independent.

"With these objects in view the Three Allies, in harmony with those of the United Nations at war with Japan, will continue to persevere in the serious and prolonged operations necessary to procure the unconditional surrender of Japan."

출처: 외교부

1952년 9월, 한국산악회 학술조사대가 주일 미공군의 폭격으로 인해 독도에 상륙하지 못하고 돌아왔습니다. 이에 한국 정부는 또다시 강력히 항의했습니다. 1952년 11월, 한국 외무부는 미국 대사관에 독도 폭격 재발 방지를 요구하는 항의 서한을 보냈고, 이는 유엔군 클라크 사령관에게 전달되었습니다. 1952년 12월, 극동군 사령부는 독도에 대한 폭격장 사용을 중단했습니다. 그 이후 1953년 1월, 미국은 독도 폭격 중단을 한국 정부에 공식적으로 통보했습니다.

미국이 한국의 요청을 받아들여 독도 폭격을 중단하고 이를 공식적으로 통보한 것은, 독도 영유권이 한국에 있다는 것을 전제로 한 행정조치로 해석할 수 있습니다. 주일 미군이 독도를 폭격 훈련 구역으로 지정한 사실은 일본의 영유권을 인정한 것이 아니라, 단순히 군사적 필요에 따라 지정된 것이며, 한국의 강력한 항의와 요청으로 중단된 것입니다. 독도 폭격 훈련 중단과 관련한 미국의 행정 조치는 한국의 독도 영유권을 인정한 것입니다. 따라서 일본의 주장은 사실과 다르며, 독도는 역사적 국제법적으로 한국의 영토임이 분명합니다.

4. 이승만 대통령의 평화선은 국제법상 불법이 아니다

1952년, 대한민국의 초대 대통령인 이승만 대통령은 중요한 해양 정책을 발표했습니다. 이는 바로 '평화선' 선언입니다. 이 선언은 한국의 해양 주권을 강화하고, 일본 어선의 무분별한 조업을 막기 위해 만들어졌습니다.

평화선이 선언된 배경은 일본 어선이 한국 연안에서 무분별하게 어업을 하면 한국의 어업 자원은 큰 피해를 입을 수 있었습니다. 제2차 세계대전이 끝난 후, 연합국은 일본의 군사 활동을 제한하기 위해 '맥아더 라인'이라는 보호선을 설정했습니다. 이 선은 일본 어선이 한국 연안에 접근하는 것을 막는 역할을 했습니다. 한국 전쟁을 겪으면서 한국은 경제적으로 매우 어려운 상황에 처해 있었습니다. 따라서 한국의 어업 자원을 보호하는 것이 매우 중요했습니다.

1952년 1월 18일, 이승만 대통령은 한국 연안에서 약 60해리(약 110km)까지의 해역을 평화선으로 선언했습니다. 평화선 선언에는 독도가 명확히 포함되었습니다. 일본은 평화선 선언에 강하게 반발했습니다. 일본 어선이 한국 연안에서 조업을 할 수 없게 되자, 일본 어민들의 생계에 큰 타격을 입었기 때문입니다. 평화선 선언은 국제적으로 큰 관심을 받았습니다. 특히 한국과 일본 간의 어업 분쟁이 국제사회의 주목을 받게 되었습니다.

이승만 대통령의 평화선 선언은 한국의 해양 주권을 강화하는 중요한 역사적 사건으로 기억되고 있습니다. 평화선 선언은 한국의 어업 자원을 보호하고, 독도가 한국의 영토임을 국제적으로 알리는 중요한 역할을 했습니다. 이를 통해 한국은 해양 주권을 확립하고, 경제적으로 어려운 시기에 중요한 자원을 지킬 수 있었습니다.

그림 10 ▮ 평화선

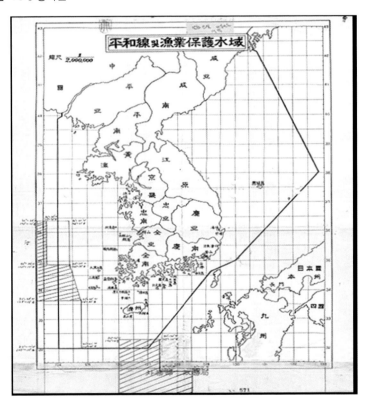

출처: 위키피디아

일본은 한국의 평화선 선언이 불법이라고 주장합니다. 그 근거로 "국제법에서는 모든 국가가 공해에서 자유롭게 항해하고 어업을 할 권리가 있다. 평화선은 이 원칙을 위반한다"고 주장합니다. 그러나 평화선 선언의 배경에는 중요한 국제적 변화가 있었습니다.

1945년, 미국 대통령 트루먼은 "미국 연안에 인접한 공해상의 어업 자원과 대륙붕 자원이 미국의 관할권에 있다"고 선언했습니다. 이는 미국이 자국 연안의 자원을 보호하기 위한 조치였습니다. 트루먼 선언 이후, 멕시코, 파나마, 아르헨티나 등 중남미 국가들도 비슷한 선언을 하여 자국 연안의 해양 자원을 보호하려고 했습니다. 이러한 국제적 변화 속에서, 한국도 자국의 해양 자원을 보호하기 위해 평화선을 선언했습니다.

한국은 일본 어선이 한국 연안에서 무분별하게 어업을 하는 것을 막기 위해 평화선을 설정했습니다. 이는 한국의 어업 자원을 보호하고 경제적 어려움을 극복하기 위한 중요한 조치였습니다. 새로운 국제 해양 질서에 편승하여 당시 세계 각국이 자국 연안의 해양 자원을 보호하기 위해 해양 관할권을 확대하는 추세에 있었습니다. 따라서 한국의 평화선 선언은 국제적 관행에 따른 것으로 볼 수 있습니다.

평화선 선언은 단순히 한국의 일방적인 주장만이 아니라, 당시 국제 사회에서 해양 자원을 보호하기 위해 각국이 취한 조치들과 일맥상통합니다. 비록 일본과 일부 국가들이 이 선언에 반대했지만, 이는 한국이 자국의 해양 자원을 보호하고 국제적 변화를 반영한 조치로 이해할 수 있습니다. 평화선 선언은 국제법적 논란이 있었으나, 한국의 자주적인 해양 주권을 확립하는 중요한 계기로 작용했습니다.

5. 일본의 일방적 ICJ 제소 주장은 설득력이 없다

　일본은 "독도 영유권 문제를 해결하기 위해 1954년, 1962년, 2012년 세 차례에 걸쳐 국제사법재판소(ICJ)에서 해결하자"고 한국에 제안했습니다. 한국은 일본의 제안을 거부했습니다. 그 이유는 한국은 독도가 역사적으로 한국의 영토라고 확신하고 있습니다. 독도는 이미 한국의 영토이기 때문에, 한국이 이를 국제 재판소에서 증명해야 할 이유가 없다고 생각합니다.

　한국은 일본의 제안이 독도 문제를 국제적으로 확산시키려는 의도라고 판단합니다. 이는 단순히 법적인 절차가 아니라, 또 다른 허위의 시도일 뿐이라고 보고 있습니다. 한국은 "만약 어떤 나라가 일본의 가고시마를 자기 영토라고 주장하면서 ICJ에 제소한다면, 일본이 이에 응할지 묻습니다. 또한 중국의 센카쿠(댜오위다오)나 러시아 남쿠릴열도(북방 4도)에 대해서는 ICJ 재판 회부를 거부하면서, 한국의 독도에 대해서만 ICJ 회부를 주장하고 있는 모순적 태도를 보이고 있다"고 반문합니다. 일본이 다른 영토 분쟁에서는 ICJ 회부를 거부하면서 독도 문제에 대해서만 ICJ 회부를 주장하는 것은 이율배반적인 행위로 일관성이 없습니다.

그림 10 ▌국제사법재판소(International Court of Justice) 평화궁

제2장

일본정부 허위 주장

사실

1. 일본의 독도 인식 역사 주장

① 일본의 억지 주장

일본은 "옛날부터 독도의 존재를 인식하고 있었다. 하지만 일본은 독도 또는 울릉도의 명칭에 대해서 유럽 탐험가들이 울릉도의 잘못된 측위 때문에 일시적인 혼란이 있었다. 현재의 독도는 일본에서 '마쓰시마(松島)'로 불렸고, 울릉도는 '다케시마' 또는 '이소다케시마'로 불렸다"고 주장합니다.

② 한국의 논박

일본의 역사 기록을 통해 일본은 1696년 1월 에도 막부가 일본인들의 울릉도 항해를 금지하는 명령을 내리기 전까지는 울릉도와 독도에 대한 명확한 인식이 없었습니다. 지금 일본은 울릉도를 '우루마섬'에서 '이소다케시마', 그리고 '다케시마'로 불렀다고 주장합니다. 하지만, 이는 일본 내에서만 사용된 명칭일 뿐, 조선에도 널리 알려져 사용된 명칭도 아니었습니다. 또한, 일본이 현재의 독도를 '마쓰시마'라고 불렀다고 합니다. 이 또한 일본이 울릉도로 항해하는 도중 독도를 우연히 발견한 것에 명칭을 부여한 것에 불과합니다. 따라서 일본이 울릉도와 독도를 17세기 이전에 자국 영토로 영유하고 있었다는 고유영토설 주장은 억지에 불과합니다.

③ 일본의 억지 주장

일본은 "'울릉도(다케시마)'와 '독도(마쓰시마)'의 존재를 옛날부터 인지하고 있었다는 것을 여러 지도나 문헌에서 확인할 수 있다. 예를 들면, 경위선을 투영한 간행 일본지도 중 대표적인 '나가쿠보 세키스이(長久保赤水)'의 「개정일본여지로정전도(改正日本輿地路程全図)」(1864년판) 외에도 울릉도와 독도를 한반도와 오키 제도 사이에 정확하게 기재한 지도가 다수 존재한다"고 주장합니다.

④ 한국의 논박

일본은 울릉도와 독도가 일본 영토라는 근거로 「개정일본여지노정전도」라는 지도를 내세웁니다. 이 지도는 일본이 독도를 자국 영토로 인식했다고 주장하는 대표적인 지도이지만, 실제로 독도가 일본 영토가 아니었음을 확인할 수 있습니다. 1779년 초판에는 울릉도와 독도가 조선 본토와 함께 채색되지 않았습니다. 또한, 일본의 서북쪽 경계를 울릉도와 독도가 아닌 오키 섬으로 명확히 하고 있습니다. 이 지도에는 1667년 사이토 도요노부가 쓴 『은주시청합기』의 문구를 인용하여 울릉도와 독도가 일본 영토가 아님을 명확히 했습니다.

그림 1 ▮ 은주시청합기

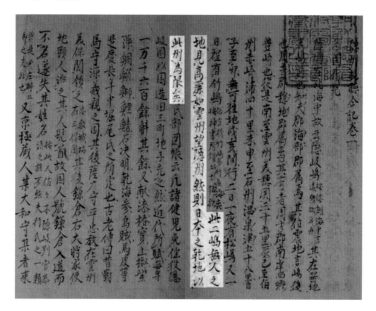

출처: 외교부

일본 근대 지도 제작의 시조인 이노 다다타카(伊能忠敬) 일본 전역을 10차례 돌며 완성한 「대일본연해여지전도」(1821년)에는 독도와 인접한 사도가섬과 쓰시마섬이 명기되어 있지만 독도는 일본 영토에서 제외되었습니다. 이 지도를 기초로 작성한 관찬 지도 「관판실측일본지도」(1867년)에 오키 섬은 있지만 독도는 없습니다. 일본 육군 참모국이 발행한 「조선전도」(1875년)에도 독도를 일본 영토로 포함하여 기재하지 않았고, 「소학필휴일본전도」는 북방 4개 섬과 쿠릴열도까지 일본 영토로 표시했지만 독도는 없었습니다. 이는 독도가 일본 영토가 아니라고 판단했기 때문입니다.

2. 한국의 독도 인식 근거 부재 주장

① 일본의 억지 주장

일본은 "조선의 고문헌인 『삼국사기』에 따르면, 우산국이었던 울릉도가 512년 신라에 귀속되었다는 기술은 있다. 하지만 '우산도'에 관한 언급은 없다. 1905년 일본이 독도를 실효적으로 지배하고 영유권을 확보하기 이전까지, 독도를 지배하고 있었다는 명확한 근거를 한국 측이 제시하지 못하고 있다"고 주장합니다.

② 한국의 논박

한국의 역사서에는 오래전부터 독도(우산도)에 대한 기록이 존재합니다. 특히 조선 초기 관찬서인 『세종실록지리지』(1454년)에는 독도와 울릉도에 대한 언급이 명확히 기록되어 있습니다. 이 문헌에는 "우산(독도)과 무릉(울릉도)은 서로 멀리 떨어져 있지 않아 날씨가 맑으면 바라볼 수 있다"고 적혀 있습니다. 실제로 울릉도에서 날씨가 맑은 날이면 독도를 육안으로 확인할 수 있습니다. 이는 독도가 지리적으로 울릉도의 일부로 인식되어 왔음을 보여줍니다.

독도가 한국 영토임을 나타내는 기록은 『신증동국여지승람』(1531년), 『동국문헌비고』(1770년), 『만기요람』(1808년), 『증보문헌비고』(1908년) 등 다른 여러 관찬 문헌에서도 일관되게 이어지고 있습니다. 이러한 문헌들은 독도가 한국 영토임을 명확히 하고 있습니다. 특히 주목할 만한 기록으로 『동국문헌비고』(1770년)가 있습니다. 이 문헌의 「여지고」 부분에서는 "울릉(울릉도)과 우산(독도)은 모두 우산국의 땅이며, 우산(독도)은 일본이 말하는 송도(松島)"라고 기록되어 있습니다. 이를 통해 우산도가 독도이며, 독도가 한국 영토임을 분명히 하고 있습니다.

그림 2 ▮ 관판실측일본지도(1867년)

출처: 외교부

독도는 지리적으로 울릉도의 일부로 인식되어 왔으며, 한국인들은 오래전부터 독도를 자연스럽게 발견하고 이용해 왔습니다. 이를 통해 독도에 대한 실효적 통치를 지속적으로 이어왔음을 알 수 있습니다. 또한, 한국의 여러 역사적 기록들은 독도가 오래전부터 한국 영토로 인식되어 왔음을 분명히 보여줍니다. 이러한 일관된 역사적 기록들은 독도가 한국 영토임을 명확히 증명하는 중요한 근거가 됩니다.

③ 일본의 억지 주장

일본은 "『신증동국여지승람』에 첨부된 지도에서 울릉도와 우산도가 두 개의 별개 섬으로 그려져 있다. 만약 한국 측 주장대로 우산도가 독도를 의미한다면, 울릉도 동남쪽에 작은 섬으로 그려졌어야 한다. 그러나 우산도는 울릉도와 거의 같은 크기로 그려져 있으며, 한반도와 울릉도 사이에 그려져 있는 점에서 실제로 존재하지 않는 가공의 섬"이라고 주장합니다.

④ 한국의 논박

『신증동국여지승람』(1531년)은 "우산도와 울릉도, 두 섬이 강원도 현(縣)의 정동쪽 바다 가운데 있다"고 기록하고 있습니다. 이 기록에 근거하여 그려진 지도인 「팔도총도(八道總圖)」는 울릉도와 우산도가 동해 바다에 존재하고 있음을 입증하는 중요한 자료입니다. 이 지도는 『세종실록지리지』(1454년)에 있는 "울릉도(무릉)와 독도(우산)가 강원도 울진현의 정동쪽 바다 가운데 있다. 두 섬은 서로 멀리 떨어져 있지 않아, 날씨가 맑으면 바라볼 수 있다"는 기록을 이어받은 것으로, 우산도가 현재의 독도임을 알 수 있게 합니다.

조선시대의 지도 제작 기술을 고려할 때, 16세기 그림지도인 「팔도총도」가 부정확하게 그려진 것은 이해할 만한 일입니다. 하지만 18세기 중엽 정상기(1678년~1752년)가 제작한 전국지도 필사본 계통의 「동국대지도(東國大地圖)」에서는 우산도(독도)가 울릉도의 동쪽에 위치하고 있다는 사실이 정확히 인식되고 있음을 보여줍니다.

또한, 18세기 후반에 여지도에 수록된 「아국총도(我國總圖)」와 19세기 중반에 제작된 목판본 조선전도인 「해좌전도(海左全圖)」에서도 우산도(독도)가 울릉도의 동쪽에 작게 그려져, 울릉도의 부속 도서임을 명확히 나타내고 있습니다. 이러한 지도들은 우산도(독도)가 울릉도의 동쪽에 위치하고 있다는 것을 점점 더 정확하게 반영하기 시작한 것입니다.

그림 3 ▎동국대지도(東國大地圖, 소장: 국립공문서관)

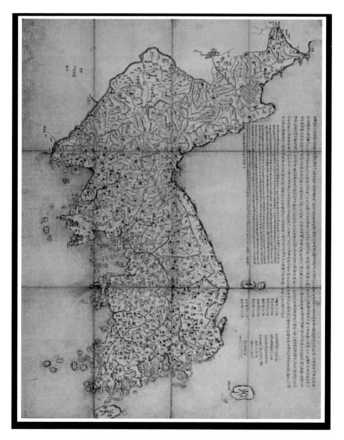

이처럼 18세기 이후로 제작된 지도들은 우산도(독도)의 위치를 더욱 정확히 그리기 시작하면서, 우산도가 울릉도의 부속 도서임을 분명히 하고 있습니다. 이를 통해 우리는 우산도가 현재의 독도임을 명확히 알 수 있습니다.

3. 일본의 17세기 중엽 독도 영유권 확립 주장

① 일본의 억지 주장

일본은 "17세기 중엽에 독도 영유권을 확립하였다. 해상운송업에 종사하는 요나고의 주민이었던 오야 진키치(大谷甚吉)와 무라카와 이치베(村川市兵衛)는 재목과 해산물이 풍부한 울릉도로의 도항을 에도 막부에 청원하였다. 이들은 돗토리번의 번주(藩主)를 통하여 막부로부터 울릉도에 대한 도해(渡海)면허를 취득하였다"고 주장합니다.

② 한국의 논박

에도 막부가 발급한 도해면허는 막부의 노중이 연서한 봉서(奉書) 형태로 발급되었습니다. 봉서란 주군의 의지를 전하기 위해 가신이 발행한 명령서를 말합니다. 이는 다른 나라로 건너갈 때 휴대하는 면허증을 의미합니다. 이 도해면허장에는 호키국 요나고에서 울릉도로 "작년에 배로 도해한 경험이 있기 때문에 이번에도 도항하고 싶다"는 청원에 대해 막부가 허가를 했다는 내용이 포함되어 있습니다. 이는 요나고 주민의 도해 청원에 대해 특별허가라는 것을 의미합니다.

그러나 중요한 점은 이 도해면허의 수신자가 요나고 주민이 아니라 돗토리번 번주였다는 것입니다. 따라서 돗토리번 번주가 바뀔 경우 수신자도 변경되어야 했고, 번주를 통해 봉서를 받은 주민들도 울릉도로 항해할 때마다 새로 허가를 받아야 했습니다. 항해 후에는 도해면허를 번주에게 반납해야 했습니다. 요나고 주민이 매번 울릉도로 항해할 때마다 새로운 허가를 신청했고, 이를 막부가 다시 허가했다는 기록은 남아 있지 않습니다. 이는 당시 도해면허가 일회성 허가였음을 의미하며, 이후로는 갱신되지 않았음을 나타냅니다.

하지만 요나고 주민들은 한 번 발급된 도해면허를 반납하지 않고 사본을 계속 사용했습니다. 이들은 '장군의 아욱꽃 문장을 새긴 깃발'을 세우고 울릉도로 약 70년간 불법적으로 항해했습니다. 이는 막부의 명령을 무시하고 불법적으로 울릉도로 항해한 행위입니다. 즉, 요나고 주민들은 일회성 허가를 지속적으로 이용하여 불법적으로 울릉도로 항해했던 것입니다. 이는 일본이 울릉도와 독도를 불법으로 도해했음을 보여주는 사례입니다.

그림 4 ▎죽도(울릉도)도해금지 봉서(奉書) 사본(1969년, 소장: 돗토리현립 박물관)

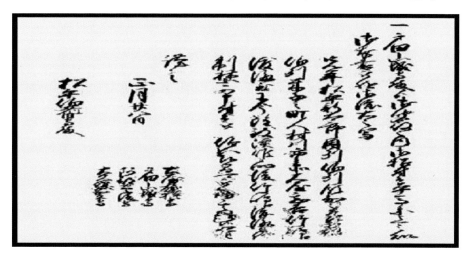

③ 일본의 억지 주장

일본은 "막부로부터 허가를 받은 오야와 무라카와 양가는 매년 1년 교대로 울릉도에 건너가 사업을 벌였다. 그 이후 양가는 쇼군 가문의 접시꽃 문양을 새긴 깃발을 달고 울릉도로 도항하여 전복 채취, 강치(바다사자) 포획, 수목 벌채 등에 종사하였다. 오키에서 울릉도에 이르는 길에 위치한 독도는 항행의 목표지점, 배의 중간 정박지, 또한 강치나 전복 잡이의 장소로 이용되었다. 이로써 일본은 늦어도 에도 시대 초기에 해당하는 17세기 중엽에는 독도에 대한 영유권을 확립하였다"고 주장합니다.

④ 한국의 논박

돗토리번 요나고 주민들이 건너간 울릉도는 분명히 조선의 섬이었습니다. 조선 초기에는 주민 쇄환정책으로 인해 울릉도가 무인도가 되긴 했지만, 조선 정부는 여전히 울릉도에 대한 영유권을 포기하지 않았습니다. 쇄환정책은 단지 주민들을 본토로 데려와 보호하려는 조치였을 뿐, 영유권을 포기한 것은 아니었습니다.

일본 정부는 종종 "요나고 주민들이 막부로부터 울릉도를 배령(拜領)받고 도해면허를 받았다"고 주장합니다. 여기서 '배령(拜領)'이란 영주로부터 영유권을 양도받는 것을 의미합니다. 하지만 막부가 울릉도에 대한 지배권을 갖고 있지 않았던 상황에서, 돗토리번을 배제하고 요나고 주민들에게 직접 섬의 영유권을 인정했다고 주장하는 것은 역사적 상식에 어긋납니다.

또한, 일본은 "1650년대 후반, 막부 고위 관리인 아베시로고로(阿

部四郎五郎)의 알선으로 요나고 주민이 단독으로 독도에 도해할 수 있다는 허가(內意) 얻었다는 오야(大谷)의 사문서(私文書)를 근거로 독도를 배령받고 도해면허를 발급받았다"고 주장합니다. 하지만 일본의 봉건 영주 사회에서 일반 백성에게 땅을 하사하는 경우는 없습니다. 그 당시 막부가 발급해 준 것은 울릉도로 1회에 한정해 도해할 수 있는 면허장이었으며, 독도에 대한 도해면허는 없었습니다.

따라서 일본이 17세기에 독도 영유권을 확립한 것이 아니라, 조선령인 울릉도에 건너오면서 독도를 중간 기항지나 어장으로 이용한 것입니다. 이는 일본이 독도에 불법적으로 도해한 것이며, 조선의 영토 주권을 침해한 사례로 볼 수 있습니다.

4. 일본의 17세기 말 독도 도해 금지 부재 주장

"일본은 17세기 말 울릉도 도해를 금지했지만,

독도 도해는 금지하지 않았다"

① 일본의 억지 주장

일본은 "1696년 1월, 울릉도에는 일본 사람이 정주해 있지 않고, 울릉도는 조선에서 가깝고 일본에서는 멀다. 쓸모없는 작은 섬을 둘러싸고 이웃 나라와의 우호를 잃는 것은 득책이 아니다. 울릉도를 일본령으로 한 것은 아니므로 도항만 금지하면 된다라며, 조선과의 우호관계를 존중하여 일본인의 울릉도 도항을 금지하는 결정을 내렸다"고 주장합니다.

② 한국의 논박

쓰시마번은 1695년에 울릉도 영유권 분쟁(울릉도쟁계)에 대한 교섭이 결렬되었다는 보고를 에도 막부에 했습니다. 이 보고를 받은 막부는 실제로 울릉도에 도해한 돗토리번에 관한 여러 가지 질문을 했습니다. 예컨대, 울릉도가 언제부터 돗토리번의 소속이었는지, 크기가 어느 정도인지, 사람이 살고 있는지, 그리고 울릉도 외에 돗토리번에 소속된 섬이 있는지 등을 묻는 내용이었습니다.

1695년 12월 25일, 돗토리번은 에도 막부에 다음과 같이 답변했습니다. "울릉도는 이나바(因州)와 호키(伯耆)에 부속된 섬이 아니다. 두 가문이 도해한 것은 쇼군의 봉서를 받아서이며, 그 이전부터 도해한 사실에 대해서는 잘 모른다. 그리고 울릉도와 독도 외에 이나바와 호키에 부속된 섬은 없다." 이 답변은 울릉도와 독도가 돗토리번의 영토가 아님을 명확히 한 것입니다.

1693년, 에도 막부는 쓰시마번에 "울릉도(다케시마)에 조선인의 출입을 금지하는 외교 교섭을 지시"했으나, 이 교섭은 결국 실패로 끝났습니다. 최종적으로 에도 막부는 돗토리번의 회신과 울릉도가 조선의 영토임을 기록한 『동국여지승람』에 근거하여 일본인의 울릉도(다케시마) 도항을 금지하기로 결정했습니다.

따라서 1696년 1월 28일에 에도 막부가 내린 울릉도 도항 금지령은 단순히 조선과의 우호 관계를 존중해서 내린 결정이 아닙니다. 이는 일본 스스로가 울릉도와 독도가 일본의 영토가 아님을 인정하고, 이를 바탕으로 한 결정이었습니다. 이는 울릉도와 독도가 조선의 영토임을 일본이 명확히 인식하고 있었음을 보여줍니다.

③ 일본의 억지 주장

일본은 "울릉도 귀속을 둘러싼 교섭 경위를 '다케시마 잇켄'(竹島一件)이라고 부른다. 도해금지령에는 울릉도만 기재되어 있을 뿐이고 독도는 언급되지 않았다. 따라서 독도 도항은 금지하지 않았다는 점에서 일본이 당시부터 독도를 일본 영토로 생각하고 있었음이 분명하다"고 주장합니다.

④ 한국의 논박

1696년 에도 막부는 쓰시마번과 돗토리번에 일본인의 울릉도 도해 금지령을 내렸습니다. 이 도해 금지령을 내리기 직전에, 막부는 돗토리번에 대한 추가적인 질문을 통해 독도(마쓰시마)에 대한 정보를 수집했습니다.

돗토리번은 에도막부에 "후쿠우라(오키섬 항구)에서 독도까지는 약 80리(里) 정도, 독도에서 울릉도까지는 약 40리(里) 정도, 조선에서 독도까지는 약 80~90리(里) 정도로 알고 있다. 독도는 일본의 어느 주(州)에 부속된 섬이 아니다. 독도에 들르는 것은 울릉도에 갈 때 경로상 잠시 들러 어로 활동을 하는 것에 불과합니다"라고 말했습니다. 이 답변에서 돗토리번은 독도와 울릉도가 일본 영토가 아님을 명확히 했습니다.

에도 막부는 이 답변을 바탕으로 '독도가 울릉도로 가는 도중에 잠시 정박하거나 어로 활동을 하는 곳일 뿐, 독도만을 목적으로 도해하는 일은 없다'고 판단했습니다. 따라서 당시 도해면허는 울릉도에 대한 것으로 독도에 대한 언급은 없었지만, 독도는 울릉도 도해 금지 조치에 자연스럽게 포함되었습니다.

그림 5 ▮ 에도 막부의 질문에 대한 돗토리번의 답변서(1695년)

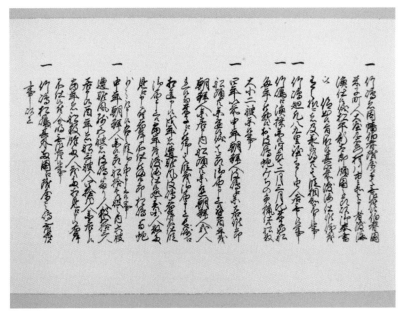

출처: 외교부

　돗토리번은 에도 막부가 묻지도 않은 독도까지 거론하며, 울릉도와 독도 두 섬 모두 일본 영토가 아님을 명확히 했습니다. 에도 막부는 이러한 돗토리번의 답변을 바탕으로, 울릉도와 독도가 조선의 영토임을 재확인하고 일본인의 울릉도 도해 금지령을 내렸습니다. 이는 일본 스스로가 울릉도와 독도가 일본의 영토가 아님을 인정한 역사적 증거입니다.

5. 안용복의 진술 신빙성 문제 제기

① 일본의 억지 주장

일본은 "안용복이 1696년 5월에 일본에 갔을 때 울릉도에 많은 일본인이 있었다고 진술했다. 하지만 같은 해 1월에 이미 막부가 울릉도로의 도항을 금지하는 결정을 내렸다. 그 지시가 돗토리번에 전달되었기 때문에 오야와 무라카와 양가는 울릉도로 도항하지 않았으므로 이 이야기는 사실이 아니다"라고 주장합니다.

② 한국의 논박

1693년, 안용복은 울릉도에서 일본인들에게 납치되었지만 풀려났습니다. 그 후 1696년 5월, 안용복은 다시 일본으로 가기로 결심하고, 승려 뇌헌과 양반 이인성, 뱃사공 4명 등 총 11명의 일행과 함께 배를 타고 일본으로 향했습니다. 그는 울릉도와 독도에 대한 조선의 영유권을 주장하기 위해서였습니다. 『숙종실록』에는 "안용복은 울릉도에서 만난 일본인들에게 마쓰시마(松島)가 자산도(독도)이며, 이 역시 우리나라 땅이다"라고 주장하며, 일본으로 건너가 그들의 침범에 항의했다고 기록되어 있습니다.

그러나 일본은 "1696년 1월 도해금지령이 내려졌기 때문에, 안용복이 도일한 5월에 일본인들은 울릉도에 도항하지 않았다. 따라서 안용복이 일본인을 만났다는 것은 사실이 아니다"라고 반박합니다. 하지만 이 반론에는 몇 가지 중요한 사실이 빠져 있습니다. 당시 쓰시마번은 에도 막부로부터 도해금지령을 받았지만, 이를 조선 정부에 통보하는 시기를 고려하여 돗토리번에 공식적으로 통보하는 것을 연기해 달라고 요청했습니다. 그 결과, 요나고 성주에게 도해금지령이 전달된 것은 1696년 8월 1일이었습니다.

따라서 1696년 봄에 요나고 주민들이 울릉도에 도해하여 안용복과 만났을 가능성은 충분히 있습니다. 이는 안용복이 울릉도에서 일본인을 만나 독도에 대한 조선의 영유권을 주장하고, 일본인들의 침범에 항의하기 위해 일본으로 건너갔다는 기록이 역사적으로 가능한 일임을 보여줍니다.

안용복이 일본으로 건너갔던 사실은 우리나라 문헌뿐만 아니라 여러 일본 문헌에도 기록되어 있습니다. 예를 들어, 『죽도기사(竹嶋紀事)』, 『죽도도해유래기발서공(竹嶋渡海由來記拔書控)』, 『인부연표(因府年表)』, 『죽도고(竹島考)』 등의 일본 문헌에도 안용복의 도일활동이 나와 있습니다. 특히, 2005년 일본 시마네현 오키도의 민가에서 발견된 「원록구병자년조선주착안일권지각서(元祿九丙子年朝鮮舟着岸一卷之覺書)」(『원록각서』)가 있습니다. 이 기록에 "호키주(伯耆州)에서 안용복을 불러 필담을 나누고, 이후 동선사(東禪寺)에서 숙소를 제공했으며, 돗토리성(鳥取城)에서는 가마와 말을 보내 안용복 일행을 맞이했다"는 내용이 있습니다.

일본 문헌에도 안용복의 도일활동이 기록되어 있다는 사실에 의해 일본이 조선 문헌의 안용복에 관한 기록을 전부 부인하는 것은 아닙니다. 따라서, 안용복의 도일 활동은 조선의 영토 주권을 지키기 위한 노력의 일환이었으며, 그의 주장과 행동은 역사적으로 중요한 의미를 갖고 있습니다. 이는 조선이 독도를 실효적으로 지배하고 있었다는 역사적 증거로서, 독도에 대한 한국의 영유권을 주장하는 데 큰 의미를 갖기 때문입니다.

그림 6 ┃ 안용복의 도일경로(1696년)

출처: 이상균 · 안동립, 독도연구(The Journal of Dokdo)(제27권) (2019.12)

③ 일본의 억지 주장

일본은 "안용복이 '독도(松島)는 자산도이다'라고 한 것은, 1693년에 일본에 납치된 시기에 알게 된 오늘날의 독도 이름을 조선이 전통적인 지식으로 가지고 있던 우산도에 적용시킨 결과이다. 하지만 이것도 명칭상의 것일 뿐, 오늘날의 독도를 가리키고 있었던 것은 아니다"라고 주장합니다.

④ 한국의 논박

「원록구병자년조선주착안일권지각서(元祿九丙子年朝鮮舟着岸一卷之覺書)」(『원록각서』)는 1696년 안용복이 오키섬에 도착했을 때 오키섬의 관리가 안용복을 조사한 내용을 기록한 것입니다. 이 문서에 따르면, 안용복은 오키섬에서 "울릉도(竹島)와 독도(松島)는 강원도 소속"이라고 진술했습니다. 이는 우리나라의 『숙종실록』에 기록된 내용을 뒷받침하는 증거입니다. 안용복은 또한 "마쓰시마(松嶋)는 같은 강원도 내의 자산(子山)이라는 섬이다. 이것도 팔도지도에 쓰여 있다"고 말했습니다.

이에 오키섬의 관리가 지도에서 여러 지명을 확인하며 강원도 부분에 다케시마(竹嶋)와 마쓰시마(松嶋)가 있다고 적고, 울릉도라는 한자 옆에는 한글 발음인 울롱다우('ウンロンタウ')와 자산(子山)을 소우산(ソウサン)으로 표기했습니다. 이는 안용복이 독도를 우산도로 알고 있었음을 보여줍니다. 안용복의 도일활동은 조선이 울릉도와 독도에 대해 지속적으로 관할권을 행사해 왔다는 중요한 증거입니다.

그림 7 ▎원록구병자년조선주착안일권지각서

변역문
이 도(道) 내에 다케시마(울릉도), 마쓰시마(독도)가 있다.

원문
此道中 竹嶋松嶋有之

출처: 외교부

한편, 안용복이 일본으로 납치되었던 1693년에 대한 기록이 일본의 『죽도기사(竹島紀事)』에 남아 있습니다. 당시 안용복은 쓰시마번에서 조사를 받을 때 "울릉도에 머무는 동안 두 번 섬을 보았고, 그 섬이 우산도라고 불린다는 사실을 알게 되었다"고 진술했습니다. 이는 안용복이 일본으로 오기 전에 이미 울릉도에서 우산도를 목격하고 그 존재를 확인했다는 의미입니다.

이러한 안용복의 진술로 인해 조선에서는 우산도에 대한 인식이 확산되었고, 이후 조선의 여러 문헌에 이를 반영하게 되었습니다. 예를 들어, 1756년에 작성된 『강계고(疆界考)』와 1770년에 작성된 『동국문헌비고(東國文獻備考)』에서는 "우산은 일본이 말하는 송도(松島)"라고 기록되어 있습니다. 이는 '우산'이 현재의 독도임을 나타내는 기록입니다. 이러한 역사적 기록들은 안용복이 울릉도와 독도의 존재를 명확히 인식하고 있었고, 조선에서도 이를 조선의 영토로 인식하고 있었다는 것을 증명합니다.

또한, 1830년대에 일본이 작성한 문서인 『다케시마도해일건기(竹島渡海一件記)』에 포함된 「다케시마방각도(竹島方角圖)」와 『조선다케시마도항시말기(朝鮮竹嶋渡航始末記)』 부속지도에는 울릉도와 독도가 조선 본토와 같은 붉은 색으로 채색되어 있습니다. 이는 일본에서도 울릉도와 독도를 조선의 영토로 판단하고 있었음을 보여주는 증거입니다. 따라서 독도가 대한민국의 영토임을 주장하는 데 중요한 근거가 됩니다.

그림 8 ▌ 다케시마방각도(竹島方角圖)(소장: 동경대학 도서관)

1. 1905년 시마네현의 독도 편입과 영유의사 재확인 주장

① 일본의 억지 주장

일본은 "1905년 1월 일본 각의의 독도 편입 조치는 근대 국제법에 따라 요구되는 영토 취득 요건을 충족한 것으로 법적으로 유효하다. 이어 2월 시마네현 고시에 의해 독도를 시마네현에 편입시켰다. 이러한 일본 정부의 행정조치가 그 이전에 일본이 독도를 영유하지 않았다는 사실, 하물며 다른 나라가 독도를 영유하고 있었다는 사실을 나타내는 것이 아니며, 이것은 일본 정부가 17세기 이미 확립된 독도영유권을 재확인한 것이다"라고 주장합니다.

② 한국의 논박

1905년 일본의 독도 편입 시도는 한국의 주권을 침탈하기 위한 과정의 일환이었습니다. 17세기 일본과 조선 사이에 '울릉도쟁계'가 발생했을 때, 독도가 한국 영토임이 확인되었습니다. 이후 메이지 정부에 이르기까지 일본은 독도가 자국 영토가 아니라는 인식을 유지해 왔습니다. 일본 정부의 공식 문서에서도 독도가 일본 영토가 아니라고 명확히 기록되어 있습니다. 1905년, 일본 메이지 정부가 러·일전쟁에서 승리하기 위해 독도를 불법적으로 영토에 편입하려고 시도하기 전까지, 일본의 공식 문헌에는 독도가 일본 영토라고 기록된 바가 없습니다.

따라서 일본 정부의 '영유의사 재확인'은 1877년 태정관 지령과 모순되며, 17세기 이미 독도 영유권이 확립되었다는 주장이 허구임을 증명하고 있습니다. 1870년 메이지 시대 일본 외무성 관리인 사다 하쿠보 등이 조선을 다녀간 후 외무성에 제출한 보고서「조선국교제시말내탐서(朝鮮國交際始末內探書)」에서도 '울릉도와 독도가 조선 부속이 된 사정'이 언급되어 있어, 당시 일본 외무성이 두 섬을 조선 영토로 인식했음을 명확히 보여주고 있습니다.

그림 9 ▌ 조선국교제시말내탐서(朝鮮國交際始末內探書)(1870년)

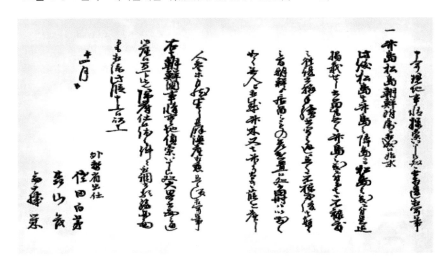

1876년 일본 내무성은 지적(地籍) 편찬 사업에 울릉도와 독도를 포함시켜야 하는지에 관해 '동해(일본해) 내 울릉도 외 일도(一嶋: 독도)

의 지적 편찬에 관한 질의(「日本海內竹島外一嶋地籍編纂方伺」)'를 작성하여, 당시 일본 최고 행정기관인 태정관(太政官)에 제출했습니다. 이에 대해 1877년, 태정관은 "울릉도와 독도는 일본과 관계가 없다는 것을 명심할 것"을 내무성에 지시했습니다. 이 지시문은 명백히 울릉도와 독도가 일본 영토가 아니라는 사실을 확인해 줍니다. 특히, 이 태정관 지령에 첨부된 「기죽도약도(磯竹島)」에는 울릉도와 함께 독도가 그려져 있어, 당시 일본 정부가 독도를 조선의 영토로 인식하고 있었음을 보여줍니다. 따라서 이 태정관 지령은 일본 정부가 19세기 후반까지도 독도가 일본 영토가 아님을 분명히 인식하고 있었음을 증명하는 중요한 사료입니다. 이러한 역사적 사실들은 독도가 한국 영토임을 확고히 뒷받침하며, 일본의 영유권 주장은 근거가 없음을 입증합니다.

그림 10 ▎ 기죽도약도(1877년)

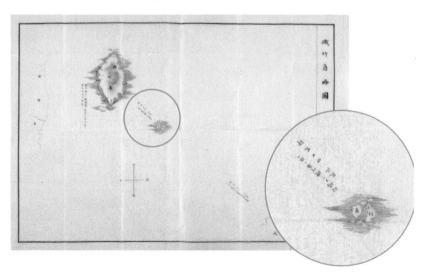

출처: 동북아역사재단

③ 일본의 억지 주장

일본은 "1905년 2월 당시 산인신문에도 게재되었듯이 독도 편입이 비밀리에 이루어진 것도 아니며, 영토 편입 조치를 외국 정부에 통고하는 것은 국제법상의 의무는 아니기에 국제법적으로 유효한 조치였다. 1905년 이후 독도는 관유지 대장에 기재되었으며 독도에서의 강치 조업은 허가제가 되었고, 2차 세계대전으로 1941년 중지되기까지 독도에서 일본의 지배 경영은 계속되었다"고 주장합니다.

④ 한국의 논박

19세기 말, 일본인들이 울릉도와 독도에서 무단으로 자원을 수탈해 일본으로 가져가는 문제가 발생했습니다. 이를 방지하기 위해 대한제국은 울릉도 지방행정 법제를 강화하기로 결정했습니다. 이에 따라 1900년 10월 24일, 대한제국 정부는 울릉도를 '울도'로 개칭하고, 도감을 군수로 변경하기로 결정했습니다. 이러한 결정은 고종 황제의 재가를 받아 1900년 10월 27일에 '칙령 제41호'로 관보에 게재되었습니다.

'칙령 제41호' 제2조에는 "구역은 울릉전도와 죽도(竹島), 석도(石島: 독도)를 관할한다"라고 규정되어 있습니다. 이는 독도가 울도군의 관할 구역에 속함을 명시한 것으로, 대한제국 정부가 독도를 울릉도의 일부로서 주권을 행사해 왔음을 분명히 하고 있습니다. 그럼에도 불구하고, 1905년 일본 정부는 독도가 주인이 없는 땅(terra nullius)이라고 주장하며 '무주지 선점론'을 내세워 독도를 침탈했습니다. 이는 명백히 잘못된 주장입니다. 대한제국 칙령(1900)에 의해 독도는 한국이 역사적으로 오랫동안 지배해 온 '유주지(有主地)'임이 입증되어 있습니다. 따라서 일본이 1905년 독도를 '주인 없는 섬' 무주지(無主地)로 간주하여 영토로 편입한 것은 명백한 불법 행위입니다. 이러한 행위는 국제법적 효력을 가질 수 없습니다.

그림 11 ▍ 칙령 41호 관보(1900.10.27.)

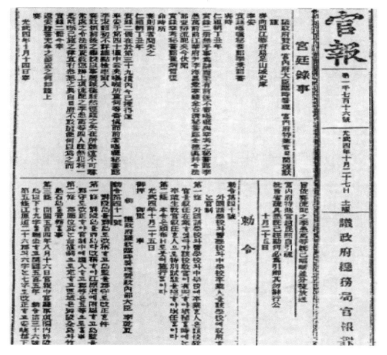

출처: 동북아역사재단

20세기 초 러·일전쟁 중에 일본 정부는 시마네현 고시 제40호를 발표하여 독도를 일본 영토로 삼으려 했습니다. 이는 대한제국 주권을 점진적으로 침탈하려는 계획의 일환이었습니다. 일본이 독도를 편입하려 한 이유는 군사적 필요성 때문이었습니다.

1904년 독도 편입을 청원한 나카이 요자부로는 처음에는 독도가 한국 영토라고 인식하고 있었습니다. 그가 만난 일본 내무성 서기관 이노우에도 '한국령으로 여겨지는 독도를 편입하면 일본이 한국을 침략하려는 야심이 있다는 의심을 받을 수 있다'고 언급하는 등 일본 정부가 독도를 한국 영토로 인식한 정황이 나타나 있습니다. 하지만 '독도에 망루를 세우고 무선 또는 해저 전신을 설치하면 적함 감시에 매우 유리하다'고 생각한 당시 일본 외무성 국장 야마자 엔지로의 주장을 받아 들여 독도의 불법 편입이 이루어졌습니다.

일본 시마네현 마쓰에 시청의 독도 담당자는 "시마네현 고시 제40호의 원본은 태평양 전쟁 당시 시마네현 마쓰에 시청이 불타면서 소실되었다. 현재 보관된 문서는 원본이 아니라 하급 기관에서 회람용으로 보관하던 사본"이라고 말합니다. 이 사본에는 시마네현 지사의 직인이 없고, 회람용 붉은 도장만 있습니다. 또한, 이 고시는 시마네현이 발간한 공식 문서나 일본의 관보, 공보, 현보 어디에서도 등재된 기록이 없습니다. 심지어 샌프란시스코 평화조약 체결 당시에도 일본은 이 고시의 사본을 제출하지 않았습니다. 이는 일본이 독도를 불법적으로 편입하기 위해 법적 효력이 없는 문서를 사용했음을 시사합니다. 1905년 일본의 독도 편입 시도는 오랜 기간에 걸쳐 확고히 확립된 우리 영토 주권을 침해한 불법 행위로서 국제법상 아무런 효력이 없습니다. 독도는 역사적으로 한국의 영토임이 명확히 증명되어 있으며, 일본의 불법적인 영토 편입 주장은 국제법적 근거가 없습니다.

그림 12 ▎시마네현 고시 40호 (1905년, 소장: 독도박물관)

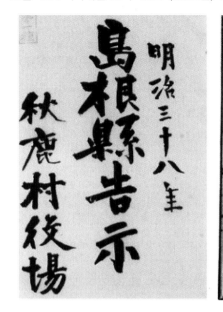

2. 샌프란시스코 평화조약과 독도의 일본 관할 주장

① 일본의 억지 주장

일본은 "제2차 세계대전 후 일련의 영토 처리를 실시한 샌프란시스코 평화조약 초안 작성 과정에서, 한국 양유찬 대사가 미국에 일본이 포기해야 할 지역에 독도를 추가해 주도록 요구했다. 이에 대해 1951년 8월, 미국 러스크 극동 담당 국무차관보는 독도는 한국의 일부로 취급된 적이 결코 없으며, 일찍이 한국이 영유권 주장을 했었다고 볼 수 없다고 회답하여 한국의 요청을 명확히 거절했다. 일본은 이를 통해 샌프란시스코 평화조약에서 독도가 일본의 영토라는 것을 긍정하고 있다"고 주장합니다.

② 한국의 논박

1951년 8월, 미국무성에서 작성된 '러스크 서한(Rusk note)'은 독도가 한국 영토라는 명시 요구를 거부한 문서입니다. 일본은 이 서한을 근거로 1952년 대일평화조약에서 독도가 일본 영토로 확정되었다고 주장하고 있습니다. 대일평화조약 체결 과정에서 미국은 주도적인 역할을 하였으며, 당시 독도를 일본 영토로 판단한 것은 사실입니다. 그러나 1953년 12월 9일, 대일평화조약 특사였던 덜레스 미국무장관은 "러스크 서한에 있는 한국에 대한 공식적 입장은 일본에 전달되지 않았다. 독도에 대한 미국의 견해는 단지 많은 조약 서명국 중 하나의 견해일 뿐이다"라고 말했습니다.

미국의 입장이 연합국 전체의 의사를 담은 대일평화조약의 입장으로 볼 수 없습니다. 법률적으로 미국은 연합국 48개국 중 하나일 뿐이며, 조약에 참여한 다른 국가들로부터 독도에 대한 의견 형성에 대한 대리권이나 대표권을 위임받은 것도 아닙니다. 따라서 다른 당사국들이 모두 동의하지 않은 이상 대일평화조약 자체가 독도를 일본 영토로 본다고 할 수는 없습니다. 미국과 함께 조약 체결에 주도적인 역할을 했던 영국은 독도를 한국 영토로 본 사실이 이를 시사합니다.

미국은 이 러스크 서한을 일본을 비롯해 다른 47개 연합국에 알리지 않았고 오로지 한국에만 통보했습니다. 러스크 서한은 공개되지 않은 미 국무성의 내부 의견일 뿐입니다. 따라서 미국이 내부적으로 독도를 일본 영토라고 생각하였다는 것과 대외적으로 대일평화조약을 통해 독도를 일본 영토로 결정하려고 하였다는 것은 전혀 다릅니다. 러스크 서한에 "우리의 정보에 의하면"이라는 내용이 들어가 있는 그 자체를 보더라도, 독도에 대한 결론이 미국이 갖는 제한적 정보 범위에서 내린 잠정적 결론임을 전제하였다는 사실에서도 알 수 있습니다.

러스크 서한은 독도 문제에 대한 미국의 제한적이고 내부적인 견해일 뿐, 국제법적으로 독도를 일본 영토로 확정한 문서가 아닙니다. 대일평화조약 역시 독도를 일본 영토로 명시하지 않았으며, 여러 국가들의 입장을 반영한 결과가 아니었음을 명확히 알 수 있습니다.

그림 13 ▌러스크 서한

러스크가 보낸 서한문 (사본)

【(주 2) 밑줄부분 참조】

출처: 일본 외무성

③ 일본의 억지 주장

일본은 "1951년 9월에 서명된 샌프란시스코 평화조약은 일본이 포기해야 하는 지역으로 '제주도, 거문도 및 울릉도'라고 규정하였다. 한국은 '연합국 총사령부 지령(SCAPIN) 제677호 및 제1033호에서 독도는 일본의 영역에서 제외되었다'고 주장하지만, 이 지령에는 '영토 귀속의 최종적 결정에 관한 연합국 측의 정책을 나타내는 것으로 해석해서는 안 된다'라고 명시되어 있다. 따라서 전후에 일본의 영토를 법적으로 확정한 것은 샌프란시스코 평화조약(1952년 발효)이며, 이 조약이 발효하기 전에 연합국 총사령부가 독도를 어떻게 다루었는지에 따라 독도 영유권이 영향을 받지 않는 것은 사실에 비추어도 국제법상으로도 명백하다"고 주장합니다.

④ 한국의 논박

1951년 샌프란시스코 평화조약의 제2조(a)에서는 "일본은 한국의 독립을 인정하고, 제주도, 거문도 및 울릉도를 포함한 한국에 대한 모든 권리, 권원 및 청구권을 포기한다"고 명시하고 있습니다. 평화조약 영토조항(제2조(a))에서 독도가 직접적으로 언급되지 않았다고 해서, 독도가 일본에서 분리되는 한국 영토에 포함되지 않는다고 볼 수 없습니다.

먼저, 제2차 세계대전 종전 이후 일본 영토에 관한 연합국의 기본 방침을 밝힌 1943년 카이로 선언을 살펴볼 필요가 있습니다. 카이로 선언은 "일본은 폭력과 탐욕으로 탈취한 모든 지역에서 축출될 것"이라고 명시하고 있습니다. 이는 일본이 무력으로 점령한 영토를 모두 반환해야 한다는 원칙을 천명한 것입니다. 이후 1945년 포츠담 선언에서도 이러한 방침을 재확인하며, 카이로 선언의 이행을 규정하고 있습니다.

다음으로 연합국 최고사령관 지령(SCAPIN)입니다. 1946년 1월 29일, 스카핀(SCAPIN) 지령 제677호를 통해 독도를 일본의 통치 및 행정 범위에서 제외하였습니다. 이 지령의 제3조에서는 일본이 통치권을 행사할 수 있는 지역을 다음과 같이 규정하고 있습니다. 혼슈(本州), 큐슈(九州), 홋카이도(北海道), 시코쿠(四國) 등 4개 주요 도서와 약 1천 개의 인접 작은 섬들만 포함됩니다. 즉, 일본의 영역에서 '울릉도, 리앙쿠르암(독도), 제주도'는 제외됩니다. 또한 스카핀(SCAPIN) 지령 제1033호에서는 "일본 선박 및 일본 국민의 독도 또는 독도 주변 12해리 이내 접근을 금지"하고 있습니다. 이는 독도가 일본의 영토가 아님을 명확히 하는 조치입니다.

카이로 선언, 포츠담 선언, 연합국 최고사령관 지령 등 국제적 맥락과 역사적 사실을 종합적으로 고려할 때, 독도는 일본이 폭력과 탐욕으로 탈취한 영토에 해당하며, 연합국의 방침에 따라 일본의 통치 및 행정 범위에서 제외된 한국 영토로 분명히 인식되었습니다. 따라서 샌프란시스코 평화조약에 독도가 직접적으로 명시되지 않았다고 해서, 독도가 일본에서 분리되는 한국 영토에 포함되지 않는다는 주장은 타당하지 않습니다.

그림 14 ┃ 독도를 일본 영토에서 제외한 영국 초안의 부속지도

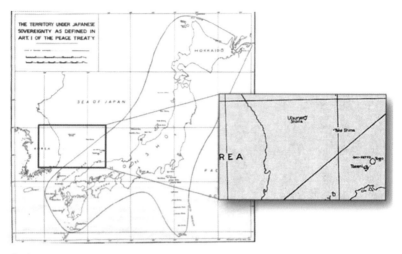

출처: 정병준 교수 제공

3. 주일미군의 독도 폭격 훈련 구역과 일본 영유권 인정 주장

① 일본의 억지 주장

일본은 "제2차 세계대전 후, 일본이 아직 점령하에 있었던 1951년 7월 연합국 총사령부는 연합국 총사령부 지령(SCAPIN) 제2160호에 따라 독도를 미군의 폭격 훈련 구역으로 지정했다. 1952년 미일행정 협정에 따르면 합동위원회는 '일본 국내의 시설 또는 구역을 결정하는 협의기관으로서의 임무를 수행한다'고 되어 있다. 따라서 독도가 합동위원회에서 협의되고, 주일미군이 사용할 구역으로 결정된 것은 독도가 일본 영토임을 보여주는 증거"라고 주장합니다.

② 한국의 논박

1947년 9월 16일, 연합국 총사령부 지령(SCAPIN) 제1778호에 의해 독도가 미 공군의 폭격 연습장으로 지정되었습니다. 그러나 1948년 6월 8일, 한국 어민들은 이 사실을 알지 못하고 독도에서 조업을 하던 중 미 공군기의 폭격을 받아 많은 피해를 입었습니다. 이에 대해 한국 정부는 강력히 항의하였습니다.

이 항의에 대응하여 1948년 6월 14일, 미5공군사령관은 주한 미군 사령관에게 "폭격 연습을 위해 독도 폭격 및 사격장에 대한 가능한 한 빠른 시일 내의 허가를 요구한다"는 공문을 보냈습니다. 그러자 미 군정 최고 책임자인 하지 장군의 지시를 받은 미국 5공군사령부는 "귀 전문을 수령하기 이전에 독도(리앙쿠르암)에 대한 모든 폭격 훈련을 폐쇄하는 조치를 취했다"고 회답했습니다. 이는 독도 주변 수역이 주한 미군의 관할지역으로서 독도 영유권이 한국에 있다는 것을 보여줍니다.

1951년 6월 20일, 미8군 부사령관 존 B. 콜터 중장은 당시 국무총리였던 장면에게 "공군은 독도(리앙쿠르암) 폭격 연습장을 24시간 훈련용으로 사용하는 데 대한 허가를 요청합니다"라는 서신을 보냈습니다. 이에 대해 한국 정부는 7월 7일 "공군의 사용 요청에 대해 국방장관과 국무총리가 승인했으며, 문제의 지역이 내무부 소관이다"라고 답변했습니다. 이는 한국 내무부가 관리하고 있는 독도에 대해 미군이 폭격 연습장으로 사용하도록 해 줄 것을 한국 정부에 공식적으로 요청한 것입니다.

이와 같은 행정 절차는 주한 미군 사령부가 독도를 한국 영토로 간주하고 있음을 보여줍니다. 미군이 독도를 폭격 연습장으로 사용하기 위해 한국 정부의 허가를 요청한 것은, 독도가 한국의 영토임을 인정하고 존중하는 행위였습니다. 이로 인해 독도 영유권이 한국에 있다는 사실이 다시 한번 국제적으로 확인된 것입니다.

③ 일본의 억지 주장

일본은 "샌프란시스코 평화조약 발효 직후인 1952년 7월 미군이 계속하여 독도를 훈련구역으로 사용하기를 희망하자, 미일행정협정에 의해 주일미군이 사용하는 폭격 훈련구역의 하나로 독도를 지정하였고, 외무성이 그 취지를 고시했다. 그러나 독도 주변 해역에서 강치 포획 및 전복과 미역 채취를 원하는 지역 주민들의 강한 요청으로 미군은 1953년 3월 합동위원회에서 이 섬을 폭격 훈련 구역에서 삭제하기로 결정했다"고 주장합니다.

④ 한국의 논박

일본은 대일평화조약 체결 과정을 통해 연합국으로부터 독도를 일본령으로 인정받으려 했으나 실패했습니다. 이에 일본 정부는 독도 영유권의 근거를 보강하기 위해 독도를 주일 미군의 폭격 연습장으로 지정했습니다. 이는 일본이 대일평화조약 발효 이후 독도에 대한 실효적 지배를 보강하기 위한 것이며, 주일 미군의 폭격 연습장 지정을 통해 독도가 일본령임을 전제로 한 주권 행사를 시도한 것입니다.

1952년 7월 26일, 미일행정협정에 근거한 미일합동위원회는 '독도를 일본에 주둔하는 미군의 폭격 연습장으로 지정'했습니다. 일본 정부는 이를 독도 영유권의 중요한 근거로 내세우고 있습니다. 그러나 이는 1951년 한국이 주한 미군의 폭격 연습장으로 허가한 독도에 대해 1년이 지난 1952년에 주일 미군의 폭격 연습장으로 중복 지정된 것입니다.

일본 정부는 1953년 3월 시마네현 주민들의 어업상 불편을 이유로 미일합동위원회를 통해 독도를 폭격 연습장 목록에서 제외했다고 주장합니다. 그러나 사실은 다릅니다. 1952년 한국산악회가 주한 미군의 허가를 얻어 독도 조사를 실시하기 위해 독도로 갔지만, 주일 미공군의 폭격으로 상륙하지 못했습니다. 이에 대한 보고가 정부에 제출되었습니다. 한국 외무부는 1952년 11월 10일 주한 미대사관에 독도 폭격 재발 방지를 요구하는 항의 서한을 보냈고, 이는 유엔군 사령관 클라크에게 전달되었습니다.

이에 따라 극동군 사령부는 1952년 12월 18일자로 독도에 대한 폭격장 사용을 중단하였으며, 미국은 1953년 1월 20일 한국 정부에 이 사실을 통보했습니다. 1953년 3월 19일 제45차 미일합동위원회에서 독도를 폭격 연습장 명단에서 삭제하기로 결정하였고, 이를 일본 외무성이 1953년 5월 14일 고시했습니다. 여기서 중요한 점은, 미국이 한국의 요청을 받고 독도 폭격 연습을 중단한 후, 이를 일본이 아닌 한국에 먼저 공식적으로 통보했다는 것입니다. 이는 독도 영유권이 한국에 있다는 것을 전제로 한 미국 정부의 행정조치였음을 의미합니다.

4. 평화선을 통한 한국의 독도 지배 불법성 주장

① 일본의 억지 주장

일본은 "1952년 1월 한국 이승만 대통령이 '해양주권선언'을 발표하여, 소위 '이승만 라인'을 국제법에 반하여 일방적으로 설정하고, 이 라인 안쪽에 있는 광대한 수역에 대한 어업 관할권을 일방적으로 주장하였으며, 그 라인 안에 독도를 포함시켰다. 그 후 이 라인을 침범했다며 일본 어선을 나포하는 사건이 다수 발생하여 선원이 억류되는 등 문제가 심각해졌다. 일본뿐만 아니라 미국과 영국 등 각국도 이 선언에 대해 공해자유의 원칙에 반하는 행위라며 항의하였다"고 주장합니다.

② 한국의 논박

1952년 1월 18일, 이승만 대통령은 '인접해양에 대한 주권에 관한 대통령선언'(국무원 포고 제14호), 즉 평화선을 선포했습니다. 이 선언은 '대한민국의 주권과 보호하에 있는 수역은 한반도 및 그 부속 도서의 해안과 연결된 경계선 간의 해양'이라고 하여 대한민국의 영역 주권이 미치는 범위를 명확히 했습니다.

일본은 이를 국제법에 반하는 일방적인 설정이라고 비난했습니다. 당시 국제법 관점에서는 3해리 영해가 인정되었고, 그 외측 수역에서는 공해상 어업의 자유가 보장되고 있었습니다. 그러나 이미 전통적인 3해리 좁은 영해와 넓은 공해라는 이분법적 해양질서는 변하고 있었습니다.

1945년 9월 28일, 미국의 트루먼 대통령은 미국 연안에 인접한 바다를 어업 자원 보존 수역으로 지정하고, 대륙붕의 천연자원이 미국의 관할권과 통제권하에 있다는 선언을 했습니다. 이 트루먼 선언은 당시 해양법상 근거가 없음에도 불구하고, 멕시코, 파나마, 아르헨티나 등 중남미 국가들이 이를 반대하지 않고 오히려 이를 따라서 배타적인 해양 영역을 선포했습니다.

이러한 국제적인 선례에 근거하여 한국 정부도 평화선을 선포한 것입니다. 일본이 평화선을 공해상의 위법이라고 비난한 배타적경제수역(EEZ) 개념은 1960년대 이후 일반화되어 1982년 유엔해양법협약에 명문화되었습니다. 오늘날 학계에서는 당시 한국 정부의 평화선 선포를 해양에 관한 새로운 국제관습법이 형성되는 전형적인 선례로 평가하고 있습니다.

그림 15 ▮ 평화선이 게재된 관보와 지도(1952년)

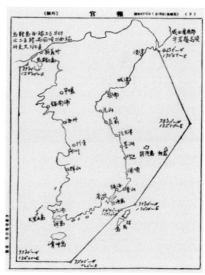

출처: 동북아역사재단

③ 일본의 억지 주장

일본은 "1953년 3월 독도 폭격훈련 구역 지정 해제 이후, 시마네현
은 독도에서의 어업을 허가하고 독도와 그 주변 해역에서 조업을 개
시했다. 한국인의 독도 불법 상륙이 빈발하여 그 단속을 실시했다.
1954년 6월 한국은 연안 경비대의 주둔 부대를 독도로 파견하고, 지
금도 계속하여 경비대원을 상주시킴과 동시에 숙사 및 감시소, 등대,
접안시설 등을 구축하고 있다. 일본은 한국의 독도 점거가 국제법상
아무런 근거 없이 행해지고 있는 불법 점거이다. 이에 근거하여 독도
에 대해 행하는 어떠한 조처도 법적 정당성을 가지지 않으며, 이러한
행위는 독도 영유권을 둘러싼 일본의 입장에 비추어 결코 용인될 수
없다"라고 주장합니다.

④ 한국의 논박

일본은 한국이 독도를 불법 점거하고 있다고 비난하고 있습니다.
그러나 일본 정부 자체의 법령과 지도에서도 독도가 일본 영토에서
제외된 사례들이 다수 있습니다. 1951년 2월 13일 일본 대장성령 4
호, 1951년 6월 6일 총리부령 24호, 1952년 8월 5일 대장성령 99호
등의 법령에서 독도가 명확하게 일본의 부속도서에서 제외된 것으로
나타납니다.

1951년 8월 해상보안청 수로부가 제작하여 일본 중의원 '평화조약
및 미일안전보장조약 특별위원회'에 제출된 「일본영역참고도(日本領
域參考図)」와 1952년 5월 마이니치신문사(每日新聞社)가 출간한 「일본
영역도(日本領域図)」에서도 독도는 일본 영토에서 제외되어 있습니다.

이와 같은 사례들은 일본 정부가 독도는 일본 영토가 아님을 스스로 인정한 증거들입니다. 따라서 일본의 독도 불법 점거 비난은 이러한 역사적 사실과 법률적 근거를 무시한 일방적인 주장에 불과합니다. 한국은 독도에 대해 정당한 영유권을 가지고 있으며, 이를 국제적으로도 명확히 하고 있습니다.

그림 16 ▮ 일본 해상보안청 수로부가 작성한 일본영역참고도(1951년 8월). 10월 일본 국회가 조약을 비준할 때 부속지도로 제출

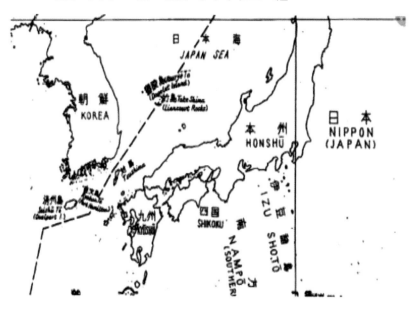

출처: 정태만 박사 공개

그림 17 ▮ 1952년 4월 대일평화조약 체결 후 일본 마이니치 신문사가 발간한
특별책자에 실린 일본영역도

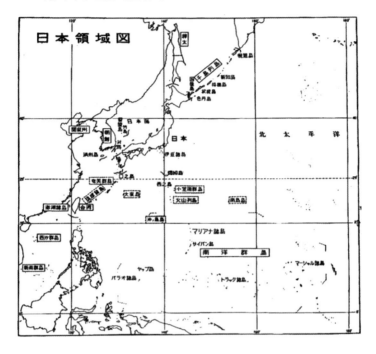

5. 일본의 독도 영유권 문제 ICJ 회부 제안과 한국의 거부

① 일본의 주장

일본은 "한국이 '이승만 라인'을 설정한 이후 한국 측이 행하는 독
도 영유권 주장, 어업 활동, 순시선에 대한 사격, 구축물 설치 등에
대해 엄중히 항의해 왔다. 독도 문제를 평화적 수단을 통해 해결하기
위해 1954년 9월 외교상의 구상서(note verbale)를 보내 독도 영유권

에 관한 분쟁을 국제사법재판소에 회부할 것을 한국에 제안했다. 당시 미국도 한국에 이를 권유했으며, 1954년에 한국을 방문한 밴플리트 대사의 귀국 보고서에는 '미국은 독도 문제를 ICJ에 회부하는 것이 적당하다는 입장이며, 비공식적으로 이를 한국에 제안했다'는 기록이 남아 있다"고 주장합니다.

② 한국의 논박

1952년 9월, 주일 한국대표부는 일본 정부가 독도 문제를 국제사법재판소(ICJ)에 회부하자고 제안한 것에 대해 다음과 같이 반박하였습니다. "일본 정부의 제의는 사법 절차를 가장한 또 다른 허위의 시도에 불과하다. 한국은 독도에 대한 영유권을 갖고 있으며, 한국이 국제재판소에서 이 권리를 증명해야 할 하등의 이유가 없다. 일본 제국주의에 의한 한국의 주권 침탈은 1910년까지 단계적으로 이루어졌으며, 1904년 일본은 강압에 의해 체결한 「한일의정서」와 「제1차 한일협약」으로 한국에 대한 실질적인 통제권을 획득하였다.

독도는 일본의 한국 침략의 최초의 희생물이다. 독도에 대한 일본의 비합리적이고 끈질긴 주장은 한국 국민들로 하여금 일본이 다시 한국 침략을 시도하는 것은 아닌지 의심케 한다. 한국 국민들에게 있어 독도는 단순히 동해의 작은 섬이 아니라 한국 주권의 상징이다.

독도는 역사적으로 한국령이며 국제법정에 제소한다는 일본 측 제안은 완전히 비상식적이다. 헤이그 국제법정은 이 문제와는 아무 관계가 없다. 만일 어떤 나라가 가고시마를 그의 영토라고 하여 ICJ에 제소하면 일본은 이에 응할 것인가?"

국내 재판의 경우, 원고가 소송을 제기하면 피고는 반드시 이에 응해야 합니다. 그러나 ICJ에서는 분쟁의 양 당사자가 재판소에서 해결을 원한다는 합의가 있어야만 해당 분쟁에 대한 심리를 시작할 수 있습니다. 현행 국제조약법상 상대성 원칙에 따라 국가는 스스로 동의하지 않은 일에 구속당하지 않습니다. 즉, 일본이 일방적으로 ICJ에 제소한다고 하더라도 한국이 응하지 않는 한 ICJ는 관할권을 설정할 수 없습니다.

일본은 중국의 댜오위다오(센카쿠)나 러시아의 남쿠릴열도(북방 4도)에 대해서는 ICJ 재판 회부를 거부하면서, 한국의 독도에 대해서만 ICJ 회부를 주장하는 모순적 태도를 보이고 있습니다. 이는 일본의 주장이 일관되지 않으며, 특정 이익을 위해 국제법을 자의적으로 해석하고 있음을 시사합니다.

③ 일본의 주장

일본은 "1962년 3월 일한 외무장관 회담 때 고사카 젠타로 외무대신이 최덕신 한국 외무부 장관에게 독도 문제를 ICJ에 회부하기를 제안했지만 한국은 이를 받아들이지 않았다. 2012년 8월, 일본은 이명박 대통령이 역대 대통령으로서는 처음으로 독도에 상륙함에 따라 다시 구상서를 보내 독도 영유권에 관한 분쟁을 ICJ에 회부하자고 한국에 제안했지만, 한국은 이 제안을 거부했다. 일본은 국제사회에서의 '법의 지배'를 존중하는 차원에서 1958년 이후 합의 없이 상대국이 일방적으로 일본을 제소해 온 경우에도 ICJ 강제적인 관할권을 원칙적으로 받아들이고 있다"고 주장합니다.

④ 한국의 논박

1950년대 한일 국교 정상화 교섭 과정에서 일본은 한일회담과 독도 문제를 별개로 다루기로 하였습니다. 그러나 1962년 한일회담 이후부터 일본은 독도 문제를 중요한 이슈로 삼아, 반드시 해결해야 하는 조건으로 국제사법재판소(ICJ) 회부를 요구하는 입장으로 바뀌었습니다.

한국이 이에 강력히 반대하자, 1965년 6월 22일 한일 양국은 '한일 간의 분쟁은 우선 외교 경로를 통해 해결하고, 이를 통해 해결되지 않는 경우에는 양국 정부가 합의하는 절차에 따라 조정(調停)을 통해 해결한다'는 내용의 「분쟁의 해결에 관한 교환공문」을 통해 합의하였습니다. 그러나 독도 문제의 해결 방법에 대해 양국은 서로 다른 입장을 고수하고 있습니다. 일본은 독도 문제가 이 교환공문의 분쟁 해결 대상에 포함된다고 주장하지만, 한국은 독도 문제가 이 공문의 대상이 아니라고 반박하고 있습니다.

국제법상, 유엔(UN)은 "분쟁이 존재하고 그 분쟁이 국제평화를 위태롭게 할 우려가 있는 경우, 분쟁 당사자는 교섭과 재판 등을 통해 분쟁을 해결해야 하는 의무가 있으며, 안전보장이사회는 ICJ 회부를 권고할 수 있다"고 규정하고 있습니다. 일본은 독도 문제를 국제 분쟁화하여 이 지역을 국제 평화를 위태롭게 하는 지역으로 만들려는 전략을 펼치고 있습니다. 1954년, 일본의 해상 순시선이 독도에 접근하여 물리적 위협을 가하자, 한국 경찰은 이에 대응해 기관총과 박격포를 발사하였습니다. 당시 일본은 한국이 ICJ 제소를 거절하자, 유엔 안전보장이사회에 이 문제를 상정해 줄 것을 요청했습니다.

실제로 1946년, 영국 군함의 '코르푸(Corfu) 해협 기뢰폭발' 사건에서는 안보리의 권고에 따라 ICJ 재판이 열리기도 했습니다. 일본은 독도 인근 수역에서 초계기 비행이나 해양탐사 조사 등을 통해 긴장을 조성하고 있습니다. 이는 독도를 국제 분쟁지역으로 만들고, 국제사회에 이 지역이 평화에 위협이 된다고 보이도록 하려는 전략의 일환입니다. 이를 통해 우리는 일본이 독도 문제를 국제 분쟁으로 만들려는 지속적인 시도를 하고 있음을 알 수 있으며, 한국은 이에 대한 철저한 대응 전략을 준비해야 합니다.

　일본 외무성은 미국 국무성의 지지와 권위를 이용해 독도 문제를 유엔 안보리에서 ICJ로 회부하려고 로비를 펼쳤지만, 미국은 중립적인 태도를 취하며 양국이 대화를 통해 문제를 해결할 것을 요구하고 있습니다. 그러나 동북아 국제정세가 급격하게 변화할 경우, 미국의 중립적 입장이 지속된다는 보장은 없기 때문에, 철저한 대비가 필요하다는 것이 과거 역사가 주는 교훈입니다.

제3장

한일
독도이야기

진실

I. 역사 속의 독도 진실

1. 독도의 리양코(リヤンコ)도 명칭 논란

"저 멀리 동해 바다 외로운 섬"으로 시작하는 홀로아리랑이라는 노래 들어보신 적 있겠지요? "조그만 얼굴로 바람맞으니 독도야 간밤에 잘 잤느냐"라는 말입니다. 이 노래를 들으면 우리는 독도가 홀로된 외로운 섬이라고 생각하는데요. 그러나 사실은 그와 다릅니다. 독도는 큰 섬 2개 작은 섬 89개로 이루어져 있어요. 따라서 결코 고독한 섬이 아닙니다. 그렇다면 지금까지 한국은 독도를 어떻게 불렀을까요? 역사적으로 우산도(于山島) 석도(石島)라고 부르기도 했습니다. 일본은 마쓰시마(松島), 리양코도(リヤンコ島)라고 불렀습니다.

한국에서 독도(獨島)라는 명칭이 최초로 나온 문서는 무엇일까요?

1905년 2월 일본이 독도를 불법적으로 영토편입을 했습니다. 약 1년이 지난 1906년 3월에 일본 시마네현(島根縣) 관민시찰단이 독도에 가서 방문조사를 합니다. 그리고 자기 나라로 돌아가면서 울릉도 군청을 들렸습니다. 그 당시 울릉도 군수는 심흥택이라는 사람이었습니다.

일본인들이 울릉도 군청에 들러서 "우리가 오늘 여기에 온 것은 다케시마(독도)가 일본 영토가 된 사실을 알려주기 위한 것이다"라고 말했습니다. 깜짝 놀란 심흥택 군수가 바로 그 다음날 강원도관찰사 서리인 춘천군수 이명래에게 이 사실을 알리게 됩니다. 그때 보낸 보고서에 처음으로 "울릉군(本郡) 소속 독도(獨島)"라는 명칭 표기가 나옵니다.

그림 1 ▎ 강원도관찰사 서리 춘천군수 이명래 보고서 호외와 참정대신의 지령3호 (1906년)

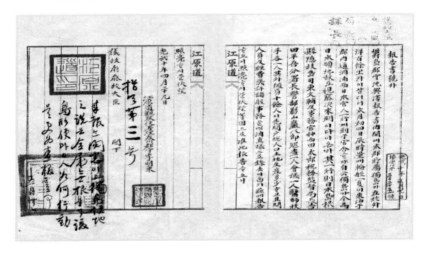

일본에서 독도(獨島) 호칭이 나온 최초로 문서는 무엇일까요?

1904년 러·일전쟁이 발발했습니다. 이 전쟁에서 승리하기 위해 당시 일본은 울릉도와 독도에 망루대를 설치하고 바다 밑으로 통신 전화선을 깔고자 하였습니다. 이 시설물 설치를 호위하고 있던 일본해군 니타카(新高號) 군함이 있었는데, 1904년 9월 25일자 군함일지(日誌)에 "리앙코르도 암(岩)이 있다. 한국인들은 이 섬을 독도라고 쓴다.

84

그런데 일본어부들은 리양코도라고 부른다"가 나옵니다. 이 일본 문서에 처음으로 독도라는 명칭이 보입니다.

일본이 독도(獨島)를 '리앙코도'라고 부른 이유는 무엇일까요?

19세기 서양의 많은 탐험가들이 태평양 쪽으로 항해를 했는데요. 그들이 탐사를 하면서 섬을 발견하면 자기들 방식대로 거기에 호칭을 붙이기도 하였습니다. 1849년 프랑스 고래잡이 배인 리앙쿠르 (Liancourt)호가 독도를 발견하였습니다. 이 보고를 받은 프랑스 해군이 해도(海圖)를 작성하였는데, '독도(獨島)'를 리앙쿠르 암석(le rochet du Liancourt)'으로 표시하였습니다. 이를 영국 해군성은 리앙쿠르락스 (Liancourt rocks)라고 표시했구요. 이러한 용어를 일본이 받아들이면서 리앙쿠르 열암(列岩), 리양코도(リヤンコ島), 량코도(ヤンコと) 등 일본식 명칭으로 부른 것입니다.

지금 일본 정부는 독도가 17세기부터 일본의 고유영토라고 주장하고 있는데요. 하지만, 20세기 초 1905년 독도를 불법적으로 일본 영토로 편입할 당시까지도 일본은 서양식 명칭 '량코도'를 사용하고 있었습니다. 이런 점에서 일본의 독도 고유영토설 주장은 설득력이 없다는 것을 알 수 있습니다.

2. 일본의 "마쓰시마(松島)"와 독도(獨島)의 관계

옛날에 일본은 독도와 울릉도를 어떻게 불렀을까요? 일본은 울릉도에 대나무(竹)가 많은 것을 보고 "대나무섬"이라는 뜻으로 울릉도를 '다케시마(竹島)'라 불렀습니다. 그러나 화산암이라 소나무(松)가 자라기 어려운 독도를 "소나무섬"이라는 뜻으로 '마쓰시마(松島)'라고 불렀는데요. 일본에서는 축하할 일이 있으면 소나무(松)와 대나무(竹)를 함께 언급하는 관습이 있어서 울릉도에는 다케시마(竹島)라는 호칭을, 독도에는 그 한 짝이라는 뜻으로 마쓰시마(松島)로 불렀다는 것입니다.

다케시마(竹島)라는 명칭은 언제 처음으로 등장할까요?

17세기 초 돗토리번 요나고(米子) 상인 오야진키치(大谷甚吉)와 무라카와이치베(村川市兵衛)가 에도막부로부터 울릉도로 건너갈 수 있는 허가장을 받고자 노력하였습니다. 이때 울릉도를 다케시마로 칭(稱)하고 도해허가를 신청했습니다. 그리고 막부가 발급한 「다케시마도해면허(竹島渡海免許)」(1625년경)에 처음으로 다케시마라는 명칭이 등장합니다.

다케시마(울릉도) 명칭이 기재된 일본 고문헌으로 어떤 것이 있나요?

일본은 울릉도를 물가에 있는 대나무섬 즉, '이소(磯; いそ)다케시마(竹島)라고 부르기도 하였습니다. 『은주시청합기(隱州視聽合紀)』(1667년)에 "오키에서 서북쪽으로 이틀을 가면 마쓰시마(松島 = 독도)가 있고 여기서 다시 하루를 더 가면 다케시마(竹島 = 울릉도)가 있다. 세간에서는 다케시마(竹島 = 울릉도)를 이소다케시마(磯竹島)라고 하는데 대나무와 강치가 많다"라는 내용이 나옵니다. 또한, 『태정관지령(太政官指令)』(1877년)에 "이소다케시마(磯竹島) 혹은 다케시마(竹島)라고 칭한다. 오키도의 북서 120리(里) 정도에 있다. 둘레 대략 10리(里)이다"라고 기재되어 있습니다.

마쓰시마(독도) 명칭이 기재된 일본 고문헌으로 어떤 것이 있나요?

17세기 에도(江戸)시대 돗토리번 요나고 상인들이 울릉도로 건너 오던 도중에 독도를 알게 되었는데, 당시 일본이 칭한 마쓰시마(松島)가 오늘날 독도(獨島)를 가리킵니다. 『죽도지서부(竹島之書附)』에 "후쿠우라(福浦)로부터 마쓰시마(松島)까지 80리(里), 마쓰시마(松島)는 호키국(伯耆国)으로부터 120리(里) 정도이다. 마쓰시마(松島)는 일본 어느 지방에 속하는 섬이 아닌 것으로 알고 있다"가 나옵니다. 또한 『태정관지령(太政官指令)』(1877년)에 "다음으로 섬이 하나 더 있다. 마쓰시마(松島)라 부른다. 둘레 30정(町)이다. 오키도와의 거리는 80리(里) 정도다. 수목이나 대나무는 거의 없다"가 나옵니다.

마쓰시마가 울릉도, 다케시마가 독도로 명칭이 바뀐 이유는?

일본 정부는 독도를 17세기부터 역사적으로 일본의 고유영토라고 주장합니다. 그런데 일본은 과거 울릉도로 부르던 다케시마(竹島)를 오늘날 독도의 명칭으로 부르게 되는 혼란의 원인을 서양지도 오류의 탓으로 돌리고 있습니다. 이러한 일본 정부의 주장이 궁색한 변명으로 여겨지지 않는가요?

다시 말하자면, 일본 정부는 "19세기 서양에서 제작된 일본지도(日本地圖)에는 울릉도와 독도에 대한 명칭(아르고노트, 다즐레, 다케시마, 마쓰시마)과 위치가 서로 뒤죽박죽으로 잘못 기재되어 있었다. 이러한 서양지도(西洋地圖)가 일본으로 역수입(逆輸入)되면서 지리 인식에 나쁜 악영향을 주었다. 그 결과 19세기 말에는 그때까지 줄곧 독도로 사용해 오던 마쓰시마(松島)를 울릉도의 명칭으로 더 많이 사용하게 되었다. 이 때문에 더 이상 독도(獨島)의 호칭으로 마쓰시마(松島)를

사용할 수 없게 되었다. 그리고 독도의 서양식 명칭인 리앙쿠르락스 (Liancourt rocks)를 일본식 명칭인 량코도(ヤンコと)라고 바꾸어 불렀으며 이것은 1900년대 초반까지 일본에 통용되었다"고 주장하고 있습니다.

일본 정부의 주장은 모순 덩어리 아닌가요?

17세기 에도(江戸)시대부터 마쓰시마(松島)로 불러오던 독도를 서양지도 오류로 울릉도로 바꾸어 부르는 혼동이 어떻게 발생할 수 있었던 것일까요? 한 걸음 더 나아가서 200여 년 이상 일본의 고유명사로 사용해 오던 마쓰시마(松島 = 독도)를 대신해서 1849년 프랑스 선박 리앙쿠르(Liancourt)호의 이름에서 빌려와 '량코도(ヤンコと)'라는 서양식 이름으로 부를 수 있을까요? 일본이 독도를 외국으로부터 입양한 자식이라고 주장하지 않는 것이 이상할 정도입니다.

일본은 역사적 고문헌에서 자기들에게 유리한 문헌을 취사선택(取捨選擇)하여 독도진실을 왜곡하고 있습니다. 우리는 이러한 사실을 통해 일본 정부가 "17세기부터 독도는 역사적으로 일본의 고유영토"라는 주장이 허황되고 근거 없는 말이라는 것을 알 수 있습니다.

3. 독도(Dokdo)를 개(Dog)섬으로 인식한 이유

우리가 섬(Island)이라고 하는 '도(島)'를 영어로 ' −do'로 표기하고 있습니다. 그렇다면 서양의 일반인들은 울릉도(Ulleungdo)와 독도(Dokdo)를 어떻게 발음할까요? 도(do)는 영어로 How do you do?에서와 같은 '두'로 발음한다는 것입니다. 일반적으로 'do'를 '섬(島)'의 'do'(도)로 생각하지는 않는다는 것입니다.

조선 동해의 섬들을 서양에 알린 사람은 누구인가요?

1787년(정조 11년) 프랑스 탐험가 라 페루즈(La Perouse)가 조선 동해를 탐험하였습니다. 그때 섬을 처음으로 발견한 사람이 다즐레(Dagelet)이었습니다. 그의 이름을 따서 이 섬을 다즐레섬(Isle Daglet)이라고 부르게 되었습니다. 그리고 2년이 지나서 1789년에 영국 해군 제독 제임스 콜렛(James Collet)이 극동을 탐사하였습니다. 그는 새로이 발견한 섬을 자신들이 타고 온 '아르고노트' 함선의 이름을 따서 '아르고노트(Argonaut)'라 명명했습니다. 그러나 라 페루즈와 콜렛이 발견하고 측정한 섬에 대한 위도와 경도에 오류가 있어 나중에 명칭 혼란을 야기하게 됩니다.

그림 2 ▎제임스 콜넷의 항해일지에 남겨져 있는 아르고노트 섬(울릉도) 스케치

출처: 동북아역사재단

서양지도(地圖)에 울릉도와 독도는 어떻게 표시되어 있을까요?

1827년 러시아인 크루젠스턴(Krusenstern)이 발간한 책에 "일본에서 말하는 다케시마(울릉도)는 아르고노트(Argonaute)와 같고, 마쓰시마(독도)는 다즐레(Dagelet)와 같은 섬일 것이다"라고 기재했습니다. 1840년 독일계 네덜란드인 지볼트(Siebold)가 만든 지도에도 "조선에 가까운 방면으로 있는 섬인 다케시마(竹島)를 아르고노트(Argonaute)로 하고 일본에 가까운 방면으로 있는 섬인 마쓰시마(松島)를 다즐레(Dagelet)"로 표기했습니다. 그러나 유럽 탐험가의 측량이 정확하지 않아 서양에서 제작된 「일본지도」에는 '울릉도와 독도'명칭과 관련하여 '아르고노트, 다즐레'라는 이름이 섞여서 나옵니다.

서양세계에서 바라본 독도 명칭은 무엇인가요?

1848년 미국 고래잡이선 체로키호와 1849년 윌리엄 톰슨호가 독도를 발견하였는데, 그들은 항해일지에 "해도상에 없는 두 개의 작은 섬(two small islands), 어떤 해도(海圖)에도 없는 세 개의 암석을 보았다"라고 기재했습니다.

1849년 프랑스 고래잡이선 '리앙쿠르호'가 독도를 발견하였습니다. 프랑스 해군성이 제작한 「태평양전도」해도(海圖)에 리앙쿠르암이라고 기재했습니다. 1854년에 러시아 해군 군함 올리부차호가 독도를 발견했습니다. 러시아는 「조선동해안도」에 독도 그림 3장을 실으면서 독도의 서도를 '올리부차', 동도를 '메넬라이'라고 명명했습니다. 1855년에 영국 호넷호가 독도를 발견하고 「중국수로지」에 호넷섬(Hornet Is)으로 기재했습니다. 이와 같이 독도를 발견한 서양인들은 자신들의 방식대로 다양한 명칭을 붙였습니다.

지금 미국지명위원회(United States Board on Geographic Names)는 독도의 표준명칭을 '리앙쿠르락스(Liancourt Rocks)로 표시하고 있는 등 그 동안 '독도(Dokdo)'를 'Tukto, Tok-Do, Hornet, Takeshima' 등으로 다양하게 표기하고 있습니다. 대한민국의 보물섬이자 생명토인 독도(Dokdo)가 국제사회 표준명칭이 될 수 있도록 힘을 모아야 할 것입니다.

4. 우산국의 독도 수호 역할

우리 모두가 잘 알고 있는 "독도는 우리 땅"이라는 노래 가사 말을 한번 살펴볼까요? "지증왕 십삼년 섬나라 우산국~ 신라장군 이사부 지하에서 웃는다"가 나옵니다. 우리는 이 대중가요를 통해 지금의 울릉도에 우산국이 있었다는 사실을 잘 알게 되었습니다.

우산국(于山國)은 언제 성립되었는가요?

우산국(于山國)의 성립 시기에 대해 아직까지 문헌상으로 정확한 기록을 찾을 수가 없습니다. 따라서 '우산국이 언제 성립되었는가?'에 대해 특정하여 말할 수는 없습니다. 그런데 1882년 이규원 검찰사의 보고서(『검찰일기』), 1998년 서울대 박물관 학술조사단이 울릉도에 고분(지석묘)과 유물(무문토기)을 발견하였습니다. 이러한 사실을 근거로 학계(學界)에서는 울릉도에 최초로 정착한 주민이 살았던 시기를 청동기시대(靑銅器時代)로 보고 있습니다.

그림 3 ▮ 울릉도 현포동 고분군

출처: 국립중앙박물관

우산국(于山國)은 어떤 나라였는가요?

우산국은 언제 가장 왕성하였는가? 설화(說話)에 따르면, 우해왕이 다스릴때였습니다. 당시 일본 왜구는 가끔 우산국을 노략질했는데, 그 근거지는 대마도(對馬島)였습니다. 우해왕이 군사를 거느리고 대마도로 가서 대마도주(對馬島主)를 만났습니다. 이 담판(談判)에서 다시는 우산국을 침범하지 않겠다는 항복문서를 받아내었습니다. 그리고 대마도를 떠나올 때 대마도주의 셋째 딸인 풍미녀를 아내로 맞아 혼인동맹을 맺어 왜구의 노략질을 막았다는 것입니다. 이것은 우산국이 강했다는 뜻입니다.

삼국시대 신라(新羅)가 우산국을 왜 정복하였는가요?

『삼국사기(三國史記)』에 "서기512년 우산국(于山國)이 신라(新羅)에 항복하고 해마다 토산물을 공물(貢物)로 바쳤다. 지금의 강릉인 명주(溟州)의 정동쪽 바다에 있는 섬으로 울릉도(鬱陵島)라고 한다"고 나와 있습니다. 신라장군 이사부(異斯夫)의 우산국 정벌은 동해 바다에 강력한 해상세력(海上勢力)으로 있던 우산국을 활용하여 신라가 고구려의 남하(南下)와 북쪽 여진족(女眞族)의 침략을 저지하기 위한 방책이 아니었는가?합니다.

신라는 우산국을 어떻게 정복했는가요?

우산국은 절벽으로 둘러싸인 천연의 요새였습니다. 우산국 사람들은 이러한 험난한 지세(地勢)와 더불어 사람들의 성격이 거칠고 용맹하여 쉽게 항복하지 않았습니다. 이에 대응하여 신라의 명장(名將) 이사부는 "나무로 허수아비 사자를 만들어 병선에 나누어 싣고 우산국의 해안에 도착하였습니다. 그리고 만약 너희들이 항복하지 않는다면 이 맹수(猛獸)를 풀어 너희들을 밟아 죽이도록 하겠다"고 큰소리로 외쳤습니다. 그러자 우산국 사람들이 곧바로 항복을 하고 공물을 받치기로 약속을 하였습니다. 나무 사자 계책을 쓴 이사부에게 항복한 우산국이 신라 영토에 곧바로 편입되지 않았습니다.

고려시대 우산국은 어떤 나라였는가요?

11세기 초 고려 현종(1019년 ~ 1022년)때 우산국은 여진족의 침입을 받아 농업이 황폐화되었고 주민이 잡혀갔습니다. 여진의 노략질을 피하여 도망하여 온 주민들은 고려에 귀속되었습니다. 1032년 고려 덕종 원년에 "우릉성주(羽陵城主)가 아들 부어잉다랑을 보내 토산물을 바쳤다"는 기록에서부터 우산국이란 명칭은 역사 속에서 사라졌습니다. 이와 같이 우산국은 고려시대에 들어와서도 조정에 토산물을 바쳤고, 조정은 관직을 내렸습니다. 신라시대와 마찬가지로 후삼국을 통일한 고려 역시 한동해로 침범하는 여진(女眞)과 왜구(倭寇) 등 외세 침략을 방어하기 위해 우산국이 방파제 구실을 하기를 원했던 것으로 생각됩니다.

『삼국사기(三國史記)』(1145년) 문헌에는 우산국이었던 울릉도가 512년에 신라로 귀속되었다는 기록이 있지만, 현재 독도인 '우산도(于山島)'에 대한 기록은 없습니다. 우산국이 현재의 독도인 우산도는 아니었습니다. 한국 측은 신라와 고려와 조공관계를 유지하고 있었던 '우산국의 영역(領域) 판도(版圖)내에 날씨가 청명하면 바라보이는 독도가 울릉도 부속(附屬)섬으로 우산국의 지배 영역에 있었다고 보는 것입니다.

5. 『삼국사기』에 독도가 없는 이유

『삼국사기(三國史記)』에 독도가 기록되어 있는가요?

한국 측은 "『동국문헌비고(東國文獻備考)』등 조선 관찬서에 우산국이 울릉도와 우산도(독도)로 구성되어 있다고 기술하고 있다. 독도는 우산국이 신라에 복속된 6세기 이래 한국영토이다. 따라서 독도에 대한 영유의사의 시기를 지증왕 13년 우산국이 이사부 장군에 의해 신라에 정복된 시점이다"라고 말하고 있습니다. 이에 대해 일본 측은

"512년 『삼국사기』는 우산국의 울릉도를 정벌한 내용만 기술하고 있을 뿐 독도인 우산도에 관한 것은 없다"라고 반박하고 있습니다.

이에 대해 한국 측은 "『삼국사기』는 우산국을 울릉도로도 부르는 사회적 인식을 반영하는 기록이다. 이 기사는 울릉도가 우산국의 대표하는 섬이라는 것을 밝히고 있을 뿐이다. 『삼국사기』에 우산도 즉, 지금의 독도에 대한 기록이 있다고 주장하는 한국 측 사람은 아무도 없다"고 재반박하고 있습니다.

독도는 울릉도의 부속섬이 아닌가요?

일본 측은 "『삼국사기』에는 울릉도를 제외하고 독도를 비롯한 그 외의 섬에 대해서는 어떠한 언급도 없다. 따라서 현재의 독도는 우산국에 포함되어 있지 않았다고 하는 것이 『삼국사기』의 기술에 따른 올바른 독해 방법이다"라고 말하고 있습니다. 그러나 『삼국사기』에 지금의 독도에 대한 언급이 없으므로 우산국이 독도를 지배하지 않았거나 독도가 우산국에 포함되지 않았다고 단언할 수 있을 것인가요? 울릉도에서 가시거리(可視距離) 내에 있는 독도(우산도)에 대한 직접적인 기록이 남아 있지 않다고 하여 독도를 울릉도의 부속섬이 아니라고 단정하는 것은 문제가 아닐 수 없습니다. 실제로 근대의 국경 개념이 성립되기 이전에는 시야에 들어 오는 섬은 가까운 곳에 사는 사람들의 생활공간으로 인정하고 있었던 것은 잘 알려진 사실이기 때문입니다.

우산국은 독도를 실효적으로 지배하지 않았는가?

동해 한 가운데 큰 섬이라고는 울릉도와 우산도(독도) 외에는 없습니다. 그 당시 현재의 독도는 사람이 살지 않았던 무인도입니다. 일반적으로 영토 확장을 위한 정복대상은 사람이 살고 있는 유인도가 주요 대상입니다. 따라서 우산국의 도읍지인 울릉도가 신라에 정복됨으로써 그 부속섬인 독도는 자연히 정복되는 것입니다. 신라시대 우산국을 정복한 『삼국사기』의 역사적 기록은 우산국의 도읍지인 울릉도를 중심으로 하는 것은 어쩌면 당연한 것입니다. 『삼국사기』에 현재의 독도(우산도)에 대한 정벌기록이 없다는 사실이 곧바로 우산국이 독도를 영유하지 않았다는 것을 증명하는 단서가 될 수는 없습니다.

동해 바다 울릉도는 우리나라에서 아홉 번째로 큰 섬입니다. 이 섬을 최초로 지배한 나라는 우산국이었습니다. 울릉도에서 맑은 날이면 육안(肉眼)으로 독도를 볼 수 있습니다. 독도 주변은 작은 암초가 많고 수심이 얕아 좋은 어장을 이루고 있습니다. 우산국의 섬 나라 사람들은 배를 이용하여 독도에 어로 작업을 했을 것이라고 추정하는 것에 무리는 없을 것입니다. 울릉도 주민들은 현재의 독도(우산도) 주변에서 조업을 통한 이익이 있었고, 날씨가 좋으면 울릉도에서 바라볼 수 있어 독도에 대한 인지(認知)는 자연스럽게 형성되었을 것입니다. 이러한 지리적 특성으로 인하여 독도는 역사적으로 울릉도의 일부로 인식되어 왔고 독도에 대한 실효적인 지배를 한 것입니다.

6. 우산도의 실재 여부

한국 일부에서는 "한국인은 우산(于山)을 무조건 독도라고 단정하고 있는데 이것은 일종의 '폐습(弊習)'이라고도 할 수 있다. 「세종실록지리지」 기술 내용에 대해 우산은 원래 나라 이름이었는데 언제부턴가 그것을 섬으로 간주하는 오해가 생겼다. 그러니까 우산도(독도)는 실재하지 않는 환상의 섬이다가 타당한 해석이다"라고 말하고 있습니다. 과연 이 주장은 사실일까요?

'울릉도 배 위'에서 독도를 바라 볼 수 있는가요?

한국 측은 "우산도와 울릉도는 틀림이 없는 별개의 섬이다. 『세종실록지리지』에 우산과 무릉 두 섬은 서로 떨어져 있으나 그다지 멀지 있지 않기 때문에 날씨가 청명할 때에는 서로 바라 볼 수 있어 우산도(독도)는 울릉도의 부속섬이다"라고 말합니다. 이에 대해 일본 측은 『세종실록지리지』에 나오는 바라볼 수 있다(則可望見)는 사실과 다르다. 지구는 둥글기 때문에 지상에서 두 점(울릉도와 독도) 간에 물리적으로 볼 수 있는 거리의 한계는 「$D = 2.09(\sqrt{H} + \sqrt{h}$」 공식으로 표현할 수 있다. (D는 가시거리(可視距離), H는 대상물체의 해면상의 높이(미터), h는 관측자의 눈의 높이(미터))

이 공식에 의하면 '독도 서도(西島)의 높이가 154m이고, 2.5m의 배 갑판상에 신장 1.5m의 사람이 서 있어 눈의 높이(眼高)를 4m로 가정하여 계산하면 시야거리는 약 30해리가 된다. 그런데 울릉도에서 독도까지는 약 49해리가 떨어져 있기 때문에 바다 위에 떠 있는 배 위에서 관측하면 울릉도에서 독도는 보이지 않는다고 말하였습니다.

그림 4 | 울릉도에서 가시거리에 있는 독도

출처: 외교부

일본의 물리적 거리 수리적 공식은 신뢰할 수 있는가요?

한국 측은 "일본이 제시한 수학 공식계산 방법은 눈의 높이(眼高)를 4m로 정함으로써 해상에서 독도를 바라다 보는 것에 지나지 않고, 육지에서 특히 높은 산 위에서 바라보는 경우를 제외하고 있다. 이 때문에 가시거리 측정에 대한 진실을 왜곡한 것이다. 미국 NGA(국립지리정보원)의 가시거리(示達) 계산 공식을 사용할 경우에는 독도의 서도의 높이(h) 168.5m와 울릉도의 최고봉인 성인봉의 높이(H)를 985m로 가정하면, 울릉도 해발 88m 높이에서부터 독도를 바라 볼 수 있으며, 300m 높이에서 독도의 대부분(83%)을 볼 수 있고, 해발 524m에서는 독도를 전부 볼 수 있다.

따라서 일본 측이 수학 공식을 이용하여 울릉도에서 독도가 보이지 않는다는 주장은 허구다"라고 반박하였습니다. 독도가 맑은 날에는 울릉도 산봉우리 높은 곳에서 바라볼 수 있다라고 하든가, 울릉도로부터 50여리, 해상으로 아득하게 바라볼 수 있다라고 기록하고 있는 고문헌에 의해서도 반증되고 있습니다.

울릉도가 수목이 울창하여 독도를 바라 볼 수 없었는가요?

일본은 수학공식에 따른 가시성 논리의 모순점이 드러나자 이번에는 "옛날의 울릉도는 전체 섬이 밀림에 덮여 있었던 까닭에 높은 곳에 오르는 것 그 자체가 곤란하였고, 수목(樹木)이 시계(視界)를 가려 독도를 바라 볼 수 없었다"라고 주장하였습니다. 그러나 한국은 "울릉도는 해안부분이 급한 경사를 이루고 있어 해발 200 ~ 300미터 이상에 토지와 인가가 있다. 따라서 날씨가 좋은 날이면 특별히 높은 곳까지 올라가지 않더라도 쉽게 독도를 바라 볼 수 있었다. 당시 농경이 화전식(火田式)이었다. 뿐만 아니라, 음식 및 난방을 위한 땔감 등의 원자재가 산에 있는 수목이었다. 울릉도의 수목들이 벌채(伐採)가 되어 동남쪽 방향으로 시야를 가릴 수 있는 장애적 요소가 없는 장소인 석포 등에서는 수평선 위의 독도를 얼마든지 볼 수가 있었을 것이다"라고 반박하였습니다. 신라시대부터 조선시대에 이르기까지 약 1000년 동안 울릉도에서 땅을 개간하여 농사를 짓고 수목을 베어 생활을 영위하여 왔던 울릉도 주민들이 울창한 수목에 가려져서 독도를 볼 수 없었다고 주장하는 것은 잘못된 것임이 틀림없습니다.

울릉도와 오키섬을 비교하면 어디가 더 가까운가요?

독도는 울릉도로부터 동남쪽으로 약 87.4km(약 47해리)에 있으며, 오키(隱岐)섬에서 북서쪽으로 약 157km(약 85해리)위치하고 있습니다. 울릉도로부터 최소한 약 40km 정도 바다로 나가면 독도를 바라볼 수 있습니다. 그러나 일본 오키도(隱岐島) 정상에서는 독도를 전혀 볼 수 없을 뿐만 아니라, 독도를 보려면 약 100km 이상 배를 타고 나와야 합니다. 한일 양국의 섬, 즉 울릉도와 오키섬을 기준으로 하면 일본 측이 약 2배 정도 멀리 있습니다.

그림 5 ▌울릉도와 오키섬으로부터 독도 거리

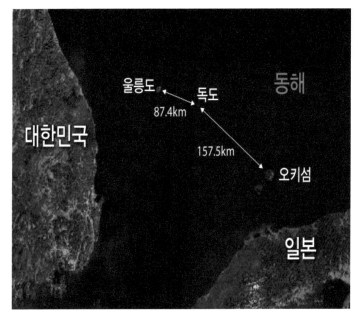

출처: 외교부

100

7. 조선 태종의 '우산·무릉' 관리 방식

우리는 독도를 한 때 '우산도(于山島)'라고 불렀다고 알고 있습니다. 그렇다면 언제부터 고문헌에 '우산도'라는 명칭이 나올까요? 바로 조선 태종시대에 처음으로 등장합니다. 조선 초기 왜구의 끊임없는 침탈에 태종은 무릉도(울릉도)에 살고 있는 주민들을 육지에 나와 살도록 명령하였습니다.

그림 6 ▎ 태종실록(대한민국 국보 151호)

태종은 대마도 사람들의 울릉도 이주를 허가했는가요?

무릉도(울릉도)에는 규목 인삼 전복 등 천연자원이 풍부하여 사람들이 촌락을 이루어 살기 시작했습니다. 그러자 일본은 대마도보다

삶의 환경이 좋은 무릉도(울릉도)를 탐내기 시작했습니다. 1407년 대마도 도주(對馬島守護) 소 사다시게(宗貞茂)가 자신들이 잡아간 조선인을 되돌려 보내주면서 그 대신에 대마도 사람들이 무릉도에 이주하여 살 수 있게 해 달라고 요청하였습니다. 하지만 태종은 대마도 사람들이 국경을 넘어 무릉도(울릉도)에 오는 것을 거절하였습니다.

관찰사는 태종에게 울릉도 사람들의 관리 상황을 보고했나요?

1412년 유산국도(流山國島) 사람 백가물(百加物) 등 12명이 배를 타고 강원도 고성 어라진(於羅津)에 도착했습니다. 그들은 강원도 관찰사에게 "우리는 무릉도(武陵島)에서 나서 자랐는데, 남녀 60여 명이 살고 있습니다. 소와 말(牛馬) 논은 없는데 콩을 한 말만 심으면 2~30석이 나고, 보리 1석을 심으면 50여 석이 납니다. 대나무(竹)가 큰 서까래 같고, 해산물(海錯)과 과실나무(果木)가 있습니다"고 말했습니다.

그러자 관찰사는 태종에게 "이 사람들이 다시 무릉도(울릉도)로 도망갈까 염려하여 통주(通州)·고성(高城)·간성(杆城)에 나누어 수용하고 있다"고 보고합니다. 여기서 유산국도(流山國島)는 어디를 말하는 것일까요? 관찰사가 올리는 문서에 우산국(于山國)을 유산국(流山國)으로 작성함으로써 사관(史官)도 유산국이라고 쓴 것으로 생각합니다.

태종은 왜 울릉도 사람들을 육지로 들어오게 했나요?

1416년 호조참판(戶曹參判) 박습이 태종에게 "삼척에 살고 있는 김인우(金麟雨)가 무릉도(울릉도)를 잘 압니다. 그 사람을 시켜 가서 보게 하소서"라고 아뢰었습니다. 이에 태종이 김인우를 불러 무릉도에 대해 물어보니, 그가 대답하기를 "동해 바다 저 멀리 무릉도(武陵島)가 있는데 군역(軍役)을 피하는 자가 도망하여 들어갑니다. 무릉도에 사람이 많이 거주하게 되면 왜적이 반드시 들어와 도둑질을 할 것이고, 이 때문에 강원도를 침범할 것입니다"라고 진언을 했습니다. 이때 문제의 심각성을 인지한 태종은 "김인우를 '무릉등처안무사(武陵等處按撫使)'로 임명하여 사람들을 육지로 데리고 나오도록 하라"고 지시합니다. 태종이 일본 왜구의 침략에 대한 우려로 무릉도(울릉도)주민을 본토로 이주시키고자 한 것입니다.

태종의 명을 받은 김인우의 보고 내용은 무엇인가요?

1417년 태종의 명을 받은 김인우가 "우산도(于山島)에서 돌아와 토산물인 대나무(大竹), 물소의 가죽(水牛皮), 솜(綿子), 통나무(檢樸木)를 바치고 그곳에 거주하는 3명을 데리고 나왔는데 그 섬에는 남녀 86명(가구 수 15호)이 거주하고 있다"고 보고합니다. 이 보고를 받은 태종은 우의정 한상경과 육조(六曹)·대간(臺諫)들을 소집하여 어전회의를 개최하면서, "우산(于山) 무릉도(武陵島)의 주민을 이주시킬 것인가 아니면 그곳에 머물게 할 것인가"에 대한 논의를 합니다.

태종은 어전회의에서 누구의 손을 들어 주었는가요?

조정 대신들은 "무릉(武陵)의 주민을 육지로 이주시키지 말고, 곡물과 농기구를 주어 생업을 안정케 하고 관리를 보내어 위로하고 세금(土貢)을 정하는 것이 좋을 것 같습니다"라고 하였습니다. 그러나 공조판서 황희(黃喜)는 다른 조정대신들과는 반대로 "무릉도(울릉도) 거주민을 육지로 이주시키는 계책이 옳다"고 주장하였습니다. 갑론을박

이 있었으나 결국 태종은 황희의 손을 들어 주면서 주민의 쇄환정책
(공도정책)이 채택되었습니다. 이에 태종은 김인우를 다시 안무사로
임명하고, 수군 중에 유능한 자를 선발하여 병선 2척을 마련해서 무
릉도(울릉도)에 들어가도록 명령했습니다.

고려시대 여진족의 침입으로 우산국이 패망하자 세인들의 기억 속
에 우산국이라는 이름도 흐릿해졌습니다. 하지만 태종이 무릉도를 잘
알고 있는 김인우로 하여금 거주민을 본토로 이주시키는 과정에서
'우산도(于山島) 무릉도(武陵島)'가 등장하게 됩니다. 그런데 우산도에
많은 수의 가구와 사람이 살아서 일본 왜구의 노략질 대상이 되었다
면 여기에 나오는 '우산도'를 현재의 독도로 보기는 어렵습니다. 그러
나 '우산(于山) 무릉(武陵)'이 두 섬으로 분리하여 '우산'이 현재의 독
도라는 것이 확실하게 기록된 것은 1454년 『세종실록지리지』입니다.
따라서 우리 고문헌에 나오는 모든 '우산(于山)'을 현재의 독도라고 곧
바로 단정해서 해석하는 것은 지양해야 합니다. 우리 주장의 합리적
논리마저도 전부 신뢰를 잃을 수 있는 빌미를 줄 수 있기 때문입니다.

8. 『세종실록지리지』의 우산도와 독도의 관계

세종대왕은 왕위에 오르자 마자 일본 왜구를 소탕하기 위해 대마
도를 정벌하였고, 조선왕조 임금으로서 독도수호의 선구자입니다.

세종은 울릉도에서 도망 온 사람을 어떻게 관리했나요?

1419년 4월 경기도 평구역리(平丘驛里)에 무릉도(울릉도) 사람 17명

이 도착하였는데, 이들은 먹을 양식이 다 떨어졌습니다. 그러나 이들을 보살펴 주는 사람이 없었습니다. 안타까운 소식을 들은 세종은 지방관리들에게 공문을 보내어 "경기도에 사람이 많이 다니는 한길가 이러한 처지인데 하물며 먼 지방이야 어떻겠느냐. 무릉도 사람들의 처지를 보니 지방 고을 백성들 중에 반드시 굶주리는 자가 있을 것이니 세밀히 살피어서 곤란하고 궁핍(困窮)한 일이 없게 하도록 하라"고 명령을 내립니다.

세종이 김인우를 또 다시 안무사로 임명한 배경은 무엇일까요?

세종은 태종의 무릉도(울릉도) 주민 쇄환정책(공도정책)을 그대로 받아들입니다. 1416년 태종(太宗)의 명에 따라 김인우가 무릉도(울릉도)에 몰래 숨어 살고 있던 강원도 평해(平海) 사람인 김을지, 이만, 김울을금 등을 붙잡아 모두 육지로 데리고 나왔습니다. 하지만 1423년 김을지 등 남녀 28명이 또 다시 무릉도(울릉도)에 도망가서 살았습니다. 2년이 지난 1425년 김을지 등 7명이 자신의 가족들은 모두 무릉도(울릉도)에 남겨 두고 작은 배를 타고 몰래 평해군 구미포(仇彌浦)에 왔다가 발각되었습니다. 강원도 감사가 이들을 모두 잡아서 가두고 이 사실을 조선 조정에 보고하였습니다. 그러자 세종은 삼척사람으로 뱃길을 잘 알고 있었던 김인우를 무릉도(울릉도)로 파견하였습니다.

김인우가 거주민을 데리고 나오는 과정은 순탄하게 이루어졌을까요?

1425년 안무사 김인우는 배(兵船) 2척에 군인 50명을 태우고 무기(兵器)와 양식(糧)을 싣고 무릉도(울릉도)에 들어갔습니다. 이때 군인

(船軍) 46명이 탄 배 한 척이 풍랑을 맞아 표류했는데요. 그들이 살았는지 죽었는지 알 수 없게 되었습니다. 이러한 상황임에도 불구하고 김인우는 무릉도(울릉도)를 수색하여 도망간 남녀 20인을 붙잡아서 되돌아 왔습니다. 그러자 세종은 신하들에게 "(김)인우가 20여 사람을 데려 왔으나 40여 사람을 잃었으니 유익한 것이 무엇인가?"라고 탄식했습니다. 안무사 김인우와 함께 가던 배가 난파되어 36명이 익사(溺死)하고, 장을부(張乙夫) 등 10명은 일본으로 표류하여 목숨을 건져 살아 돌아왔습니다. 세종은 당시 표류한 군인들이 모두 사망한 줄 알고 이들을 위해 제사(招魂祭)를 지내고 위로와 도움을 주라고 지시했습니다.

김인우가 무릉도에서 데리고 온 사람들은 어떻게 되었을까요?

예조참판은 "지금 잡혀온 도망한 백성을 법대로 처벌해야 합니다"고 말하였습니다. 이에 세종은 "이 사람들이 다른 나라에 숨어 들어간 것도 아니다. 또 이전에 저질렀던 죄를 사면(赦免)해 준 일도 있으니 새로 죄(罪)를 주는 것은 안 된다. 충청도의 깊고 먼 산중 고을로 보내어 다시 도망하지 못하게 하라"고 지시하였습니다.

울릉도 쇄환정책에 반대하는 반대하는 사람은 없었나요?

강원도 감사 유계문(柳季聞)이 "무릉도(울릉도)는 토지가 기름져서 곡식 생산이 육지보다 10배나 되고 생산물도 많습니다. 백성을 모집하여 이주시키고 현(縣)을 설치하여 수령(官吏)을 두어 영동의 울타리로 삼아야 합니다"라고 말하였습니다. 이에 대해 모든 조정 대신들이 감사 유계문의 건의를 반대하였습니다. 세종은 "일찍이 왜구(倭奴)들이 날뛰어 대마도에 살면서도 영동(嶺東)을 침략하여 함길도까지 도적질하였다. 무릉도(울릉도)에 사람이 살지 않은 지가 오래되었다. 만약 왜구들이 먼저 이 섬을 점령한다면 장래 어떠한 우환이 생길지 알수 없다. 하지만 지금 당장 현을 신설하고 수령을 두어 백성을 이주시키는 것은 여건이 허락하지 않는다. 따라서 매년 사람을 보내어 섬안을 탐색하거나 토산물을 채취하고 목마장(馬場)을 만들면 왜구들이 대국(조선)의 땅이라고 생각하여 반드시 몰래 점거할 마음이 들지 않을 것이다"라고 하였습니다.

세종의 울릉도 수토정책은 어떻게 시행되었나요?

1438년 세종은 남회(南薈)와 조민(曹敏)을 무릉도순심경차관(武陵島巡審敬差官)으로 임명하였습니다. 그들은 무릉도(울릉도)에 몰래 숨어 살고 있던 66명을 잡아서 데리고 오면서 특산물인 사철(沙鐵), 석종유(石鐘乳), 전복(生鮑), 큰대나무(大竹) 등을 가지고 왔습니다. 세종의 울릉도 거주민 쇄환정책을 지속하는 과정에서 강원도 울진현의 동쪽 바다에 무릉도(울릉도)와 우산도(독도) 두 섬이 존재한다는 사실을 명확하게 인식하게 되었습니다. 이에 두 섬이 서로 거리가 멀지 않아 날씨가 맑으면 바라볼 수 있다는 사실을 『세종실록지리지』에 기록할 수 있었습니다. 이는 우산도(독도)를 울릉도와 구분해서 기술하여 현재의 독도에 대한 인지를 공식적으로 확인한 것입니다. 그러나 지금 일본은 『세종실록지리지』에 나오는 우산도(독도)를 울릉도 바로 옆에 있는 관음도(觀音島) 내지 죽도(댓섬)라고 주장하고 있습니다. 하지만 관음도와 죽도는 울릉도 주민들이 날씨와 상관없이 언제든지 볼 수 있습니다. 따라서 날씨가 맑은 날에만 보이는 우산도는 현재의 독도를 말합니다. 『세종실록지리지』의 우산도(독도)는 동해 바다에 떠도는 환상의 섬, 가공의 섬이 아닙니다.

9. 세종이 신비의 섬 요도를 찾은 여부

조선 초기 일본 왜구가 계속해서 울릉도를 침입해 왔습니다. 이로 인해 울릉도에 더 이상 조선인들이 살지 않아 무인도가 되었습니다. 울릉도와 왕래가 없어지자 당시 함길도(함경도) 바닷가에 사는 사람들 사이에 잎처럼 갸름하고 길쭉하게 생긴 좁고 작은 (여뀌(蓼): Pepper smartweed)와 같이 생긴 요도(蓼島)라는 섬이 동해 바다 한 가운데에 있다는 소문이 돌기 시작했습니다.

세종은 언제 요도를 찾아보라고 지시했는가요?

세종은 1429년 12월 27일 당시 나라의 제사를 담당하던 봉상시윤(奉常寺尹) 이안경(李安敬)에게 "소문으로 나돌고 있는 새로운 섬 요도를 찾아보라"고 지시를 하였습니다. 그러나 요도 수색에 실패했다는 소식을 들은 세종은 이번에는 함길도 감사에게 "함흥부(咸興府) 포청사(蒲靑社)에 김남련(金南連)이라는 사람이 살고 있다. 그가 일찍이 이 섬에 갔다가 돌아왔다 한다. 그렇기에 김남련을 시켜 요도를 찾아보도록 해라. 만약 그가 늙고 병들었거든 섬의 생김새와 주민들의 생활은 넉넉한지, 그 섬에 살고 있는 의복, 언어, 음식 등의 사정은 어떠한지 그에게 자세히 물어서 보고하라"고 지시하였습니다.

세종에게 요도에 대한 보고는 어떤 내용이었나요?

세종에게 올라온 보고는 기껏 '요도가 경성(鏡城)에서 보인다'는 것에 그치고 말았습니다. 이를 탐탁하게 여길 세종이 아닙니다. 그래서 세종은 다시 한번 함길도(함경도) 감사에게 "사람을 시켜 경성(鏡城) 무지곶(無地串)과 홍원(洪原) 보청사(補靑社)에 올라가게 하라. 그러면 요도(蓼島)를 바라볼 수 있을 것이다. 그리고 그 지방 수령관(首領官)이나 혹은 자상하고 지리에 밝은 수령(守令)에게 김남련과 함께 가도록 하고, 요도의 지형과 뱃길의 험하고 편리함을 살펴보고 보고하라. 만약 김남련과 함께 요도에 갔다가 돌아온 사람이나 해변에 살면서 요도를 본 사람이 있거든 그 섬의 지형과 멀고 가까운 것을 물어보고 보고하라"고 명령하였습니다.

이렇게 세종은 신비의 섬 요도에 관심이 많았습니다. 그럼에도 불구하고, 지방 관리들은 요도를 찾는 데 실패하였습니다. 그래서 세종은 이번에는 조정 관리 상호군(上護軍) 홍사석(洪師錫)을 강원도로 보냅니다. 또한 함길도 감사 외에도 강원도 감사에게 "지금 찾는 요도가 양양(襄陽)의 청대(靑臺) 또는 통천(通川)의 당산(堂山)에 올라가서 바라보면 북쪽에 있고, 길주(吉州)의 무시곶(無時串) 또는 홍원(洪原) 포청사(蒲靑社)에서 바라보면 남쪽에 있다. 그러니 부지런하고 자상하며 진실한 사람을 찾아 요도를 바라보고 보고하도록 하라"고 지시했습니다.

세종의 요도 탐색에 대한 보고는 지속되었는가요?

세종의 명을 받은 함길도 감사가 "전직(殿直) 전벽(田闢) 등 네 사람을 무지곶에 올라가서 요도를 찾아보라"고 지시를 하자, 그들이 대답하기를 "우리가 올라가서 바다 한 가운데를 바라보니, 동쪽과 서쪽의 두 봉우리가 섬처럼 생겼는데, 하나는 약간 높고 다른 하나는 약간 작으며, 중간에는 큰 봉우리가 하나 있는데 표를 세워서 측량해 보니 바로 남쪽에 해당합니다"라고 말하였습니다. 그러자 함길도 감사는 전벽(田闢)을 한양(서울)으로 보내 당시 본 사실을 있는 그대로 세종에게 아뢰도록 하였습니다.

1430년 함길도 감사의 보고를 마지막으로 요도 찾기는 별다른 진척이 없었습니다만, 8년이 지난 1438년 세종은 강원도 감사에게 "무릉도(茂陵島)는 본래 사람이 살던 곳이다. 옛날부터 왕래하던 땅이다. 요사이 사람을 파견하여 동해 바다를 건너게 하였으나 험난한 뱃길을 두려워하여 가려고 하는 사람이 없어 심히 걱정이 된다. 요도(蓼島)가 어디엔가(某處)에 있다고 말을 하는데, 내 나이가 너무 많아 요도를 탐색(探訪)하는 것까지 바라지는 않는다. 다만 이 섬이 어느 곳에 있다는 사실만은 반드시 알아야 하겠으니 탐사하여 보고하라"라고 지시했습니다.

세종은 울릉도(무릉도)를 요도와 혼돈하고 있었을까요?

세종은 함길도 관찰사에게 "도내(道內)에 새 땅이 있다는 말이 떠들썩하게 전해진 지가 여러 해가 지났다. 지난 날 강원도 울릉도를 찾으려고 할 때에도 모두가 말하기를 '울릉도가 있는 곳을 알지 못한다'고 하였다. 그러나 나중에 조민(曹敏) 등이 울릉도를 찾아내어 상(賞)을 탔다. 이 새 땅인 요도는 조선 영역 안에 있는 것이 분명하니 반드시 알아내어야 할 것이다"라고 지시하였습니다. 이러한 세종의 인식에서 볼 때 신비의 섬 요도는 울릉도가 아닌 것을 알 수 있습니다.

110

세종의 요도 수색 결과는 어떻게 되었을까요?

세종은 강원도 감사에게 "양양(襄陽)에는 사는 김연기(金延奇)가 바닷길(海路)로 백여 리 되는 거리에 요도가 있다고 하니 확인해서 보고하라"라고 지시했습니다. 또한 권맹손(權孟孫) 중추원부사가 아뢰기를 "남회(南懷)가 삼척부(三陟府) 바다 가운데 있어 보인다고 하니, 지금 당장 남회를 보내면 요도를 얻을 수 있을 것입니다"라고 하자 세종은 남회에게 옷 1습과 삿갓, 신발을 주어 그를 파견하였으나 요도를 찾지 못하였습니다.

세종은 요도를 찾고자 포상까지 내걸고 적극적으로 수색했으나 성공하지 못했습니다. 그러면 세종께서 끝까지 찾고자 했던 신비의 섬 요도는 무엇일까요? 동해 바다에는 울릉도와 독도 외에 또 다른 섬이 없습니다. 따라서 울릉도가 아닌 새로운 섬은 요도이고 그것은 바로 독도로 추정됩니다. 하지만 당시 조정이 이 섬의 탐색에 실패함으로써 요도는 역사적으로 존재하지 않는 신비의 섬이 되어 버렸습니다. 만약 세종께서 요도(독도)를 찾아서 한글로 "우리 땅"이라고 표시해 주셨다면 얼마나 좋았을까 생각합니다.

10. 성종의 삼봉도 수색 결과

일본이 말하기를 "한국은 『성종실록(成宗實錄)』에 나오는 '삼봉도(三峯島)'를 현재의 독도라고 주장한다. 그러나 삼봉도는 울릉도의 "성인봉, 나리봉, 미륵봉 세 봉우리를 보고 그렇게 부른 것이다"라고 주장합니다. 세종이 수색을 하였으나 찾지 못한 신비의 섬 '요도(蓼島)'

와 마찬가지로 성종은 울릉도와는 다른 새로운 섬으로 삼봉도(三峯島)가 있다고 생각하였습니다.

성종의 삼봉도 찾기는 언제 시작되었을까요?

1480년 성종은 "삼봉도 수색을 위해 '삼봉도초무사'(三峯島招撫士)에 상호군(上護軍) 정석희(鄭錫禧), 부사(副使)에는 박종원(朴宗元)을 임명하면서, 군사 병력은 한양(서울) 중앙군(京軍)에서 10명을 선발하고, 뱃사공은 경기도 수군(水軍) 및 어부(漁夫), 염부(소금을 만드는 일에 종사하는 사람) 중에서 배 젓는 일에 능숙한 자 30명을 차출하라"고 지시를 했습니다.

그림 7 ┃ 성종실록(대한민국 국보 151호)

성종의 지시에 조정 관리는 어떤 태도를 취했는가요?

성종으로부터 삼봉도 수색 책임자로 임명을 받은 초무사(招撫事) 정석희가 삼봉도로 가는 뱃길의 험난함을 꺼려 사건을 도모하였습니다. 그는 아내(妻)를 시켜 "저의 남편은 삼봉도 직무를 수행하는 데 적임자가 아니다"라는 하소연이 담긴 상소(上訴)를 임금에게 올리도록 하였습니다. 이 보고를 받은 의금부는 정석희를 불러 조사를 하였는데, 임금의 명을 거역하고 초무사 직책을 맡지 않기로 한 죄 값을 곤장(杖) 100대와 직책에서 해임(罷職)시키는 것으로 결정하였습니다. 그런데 성종은 곤장 100대를 때리는 대신에 벌금(贖錢)을 물리고 초무사 임명장을 박탈한 후 창원(昌原)으로 귀양(付處)가도록 했습니다.

동해 먼 바다에 있는 삼봉도를 찾으러 가는 일은 항해하는 도중에 배가 난파(難破)하여 목숨을 잃을 수도 있기에 부담이 많이 가는 일이었습니다. 그래서인지 정석희가 해임되자 초무부사(三峯島招撫副使) 박종원 역시 삼봉도 물길(水路)을 꺼려하여 자신이 병에 걸린 것을 핑계로 부사(副使)직에서 물러나게 해 달라고 상소를 하게 됩니다. 그러자 성종은 박종원을 부사에서 해임하고 김해(金海)로 귀양을 보냈습니다.

성종은 삼봉도 수색을 중단했을까요?

성종은 1480년 초무사(招撫士)에 심안인(沈安仁), 부사(副使)에 성건(成健)을 임명하고, 약 200여 명의 군사를 9척의 배에 나뉘어 파견하였습니다. 그런데 초무사 일행이 영안도에 도착했을 때 장마가 시작되고 바람과 바다가 순탄하지 않다는 이유로 삼봉도 수색을 실행하지 못하였습니다. 그러나 성종은 삼봉도 수색을 포기하지 않았습니다. 1481년 영안도 관찰사 이극돈(李克墩)이 성종에게 아뢰기를 "삼봉도에 들어간 영안도 백성들은 나라를 배반한 죄를 지었습니다. 이 점을 분명히 물어야 합니다. 삼봉도를 탐색하여 저들의 항복을 권유(초무)해 보고 그래도 안 되면 군사를 파견해서 토벌해야 합니다"라고 했습니다. 이때 삼봉도에 들어갈 사람을 모집한 결과 30여 명이 자원을 하자, 성종은 임금의 명령서인 유서(諭書)를 1동 작성하여 이극돈에게 내려 보내고 삼봉도를 수색할 것을 명령했습니다.

성종의 삼봉도 수색의 희생양은 누구인가요?

삼봉도 수색은 13년의 세월을 보냈지만 헛수고로 돌아가 결국 삼봉도를 찾지 못했습니다. 조정대신들이 이런 저런 이유와 핑계를 들어 삼봉도 수색에 소극적이었기 때문입니다. 뿐만 아니라 민간차원에서 목격하거나 가 본 사람이 있었지만 삼봉도를 아예 존재하지 않는 전설의 섬으로 만들어 버렸습니다. 심지어 삼봉도를 처음 발견하여 조정의 요구에 적극적으로 협조한 김한경을 임금과 조정을 속인 난신역적(亂臣逆賊)으로 몰아 극형에 처하고 그의 딸 김귀진(金貴珍)은 노비가 되었습니다.

성종은 백성을 구하고 영토를 확장하는데 상당히 의욕적이었는데 안타깝게도 조선 정부 차원에서 새로운 섬 삼봉도는 발견하지 못했습니다. 조선시대 세종과 성종은 우리나라의 해양영토 확장에 관심이 많았으나 항해 기술이 발달하지 못하였고 목숨이 달린 일이라 신하들의 소극성에 의해 좌절을 겪어야만 했습니다.

한국 일부에서는 "'우산'(于山)이란 울릉도에 성립한 나라(國)이름일 뿐이고 '우산'이 오늘날의 독도를 가리킨다는 것은 심한 비약(飛躍)이다"라고 주장합니다. 과연 이 주장은 진실일까요?

『신증동국여지승람』에 우산도에 관한 기록은 나올까요?

조선 중종시대에 발간한 지리서인 『신증동국여지승람(新增東國輿地勝覽)』(1531년)은 "우산도와 울릉도를 거론하면서 '무릉(武陵)'이라고도 하고, '우릉(羽陵)'이라고도 한다. 두 섬은 (강원도) 울진(蔚珍)현 동쪽 바다 한 가운데에 있다'고 기록하고 있습니다. 이것은 『세종실록지리지』(1454년)에 나오는 '우산'과 '무릉'은 울진현에 두 섬이 있음을 전제로 한 것입니다. 일본은 이에 반박하기를 "우산도와 울릉도는 원래 한 섬으로서 조선의 고문헌에 나오는 우산도(于山島)에 관한 내용은 전부 울릉도를 묘사한 것이다"라고 말합니다. 하지만 『신증동국여지승람』에 나오는 무릉(武陵)과 우릉(羽陵)은 모두 각각의 울릉도(鬱陵島)를 가르키는 다른 명칭입니다.

동해에 울릉도 외에 존재하는 다른 섬은 어디인가요?

강원도 울진현 정동쪽으로 있는 섬은 울릉도를 제외하고는 독도밖에 없습니다. 그러므로 우산도(于山島)는 현재의 독도가 되는 것입니다. 울릉도와 우산도(독도) 두 섬을 확인했기 때문에, 공식적으로 관찬서인 『신증동국여지승람』에 두 섬을 기재한 것은 분명한 사실입니다. 따라서 이 기록은 세종 시대 이후에 우산도(독도)와 울릉도는

'하나의 섬(一島說)'이 아니라 '두 개의 다른 섬(二島說)'이라는 것을 재확인해 주는 것입니다.

'세 봉우리가 곧게'는 어디를 말하는 것일까요?

『신증동국여지승람』에 "세 봉우리가 곧게 솟아 하늘에 닿았는데 남쪽 봉우리가 약간 낮다. 바람과 날씨가 청명하면 봉우리 머리의 수목과 산 밑의 모래톱을 역력히 볼 수 있으며 순풍이면 이틀에 갈 수 있다"는 기록이 나옵니다. 여기서 『성종실록』(1471년)에 "동해 동남방에 촛대와 같이 뾰족하게 솟은 바위섬이 있어, 멀리서 보면 마치 세 개의 봉이 서 있는 것처럼 보인다"는 기록을 원용하여 한때 '세 봉우리 곧게 솟아 있는 곳'을 삼봉도(三峯島)로 해석하여 독도라고 주장하기도 했습니다.

하지만 이어지는 "산 봉우리 수목과 산 밑의 모래톱을 잘 볼 수 있다"는 기록을 볼 때 바위로 된 화산암 독도의 봉우리 머리에 수목이 있기 어려우며, 독도 해안에 모래톱이 없습니다. 이 점에서 볼 때 『신증동국여지승람』의 '세 봉우리가 곧게 솟아'라는 문구를 두고 이를 독도에 대한 기술이라고 보기는 어렵습니다.

왜 우산과 울릉이 한 섬이라는 기록이 다시 나오게 된 것인가요?

『신증동국여지승람』은 두 섬에 관해 "일설(一說)에 우산과 울릉은 본래 한 섬이다"는 내용을 분주(分注: 본문 사이에 두 줄로 나누어 작은 글씨로 써 넣은 주)형식으로 기술했습니다. 이를 두고 학계에서는 "조선 초기 울릉도 거주민을 본토로 이주시키는 쇄환정책(공도정책)이 중종(中宗)시대에 이르러 완성되면서 세종시대 '우산'과 '울릉'이라는 2

개 섬의 인식이 희박해지게 되었다. 그러자 우산과 울릉이 1개 섬이라는 인식이 반영된 것이다"라고 말합니다.

이러한 주장에 대해『신증동국여지승람』이 분주를 넣어 "우산도와 울릉도가 한 섬이다"라고 기록한 것이 울릉도와 우산도가 한 개의 섬이라는 일설(一說)을 인정하고자 한 것이 아니다. 세종시대 이전의 고문헌『삼국사기』,『고려사』,『태종실록』등 기록을 자세히 고증(考證)해서 살펴 본 결과 우산도와 울릉도가 두 섬으로 확인하지 못한 정황을 보여 주기 위한 의도에서 기술한 것으로 보인다고 반론합니다.

중종시대 울릉도와 우산도는 별개의 두 섬이 아닌가요?

조선 초기 문헌에는 우산도와 울릉도가 동일한 대상으로 볼 수 밖에 없었던 시대가 있었습니다. 우산도로 불리던 독도는 울릉도로부터 날씨가 맑으면 바라볼 수 있는 울릉도의 부속섬입니다. 따라서 조선이 통치하고 있던 영역에 우산도(독도)가 포함되었다고 보아야 합니다.『신증동국여지승람』(중종 26년)은『동국여지승람』(성종 12년)의 내용을 계승한 것으로 조선 왕조의 인문지리서입니다. 이것은 조선이 통치하는 영역을 명백히 규정하였고, 지리 해설을 수록하였습니다. 여기에 우산도(독도)와 울릉도 2개 섬이 행정구역상 강원도 울진 현에 속한 조선의 영토임을 밝히고 있습니다. 따라서 우산도가 존재하지 않는 가상의 섬이라는 주장은 잘못된 것입니다. 일본은 17세기부터 독도를 자신의 고유영토라고 주장하고 있으나 한국은 일본보다 훨씬 앞선 시기에 독도를 인지하고 지배하여 왔음을 알 수 있습니다.

한국 일부에서는 "한국 외교부가 「팔도총도」를 제시하면서 '우산이 곧 독도'이고, 한국사 교과서도 그렇게 가르치고 있다. 이 지도를 근거로 독도 고유영토설을 주장하는 것은 우리 학생들에게 동서남북을 혼동하도록 가르치는 폭거와 같다. 차라리 독도를 포기할지언정 그렇게 난폭하게 교육할 수는 없다."라고 하면서 『신증동국여지승람』에 「팔도총도」는 환상으로 생겨난 우산도를 그린 최초의 지도라고 주장하고 있습니다. 과연 진실일까요?

「팔도총도」는 어떤 목적으로 제작되었을까요?

조선 왕조는 제사를 통한 왕권의 위엄과 유교적 지배 이념을 확립하고자 하였습니다. 「팔도총도」는 나라에서 예전(祀典)에 기재되어 제사를 지낸 높은 산(嶽), 큰 강(瀆) 바다(海) 명산대천 등을 표시하였습니다. 「팔도총도」는 『신증동국여지승람』의 『동람도(東覽圖)』에 들어 있는데, 『동람도』의 특징은 규격이 작은 목판본입니다. 따라서 이 지도에는 많은 정보를 담을 수가 없습니다. 또한 지리지(地志)를 보완하는 역할을 하고 있어 표현하고자 하는 부분을 간략하게 그리고 있습니다.

「팔도총도」에 한반도 주변에 어떤 섬이 그려져 있을까요?

「팔도총도」는 한반도 삼면을 두고 서해 바다에는 '강화도·군산도·흑산도', 남해 바다에는 '진도·제주도·거제도·대마도', 동해 바다에는 '울릉도·우산도(독도)'를 그렸습니다. 이를 두고 일본은 "한국에는 약 3천여 개의 섬이 있는데, 대부분이 독도보다 훨씬 크다. 그런데 어떻게 다른 큰 섬보다 우선되어 우산도가 제주도와 함께 그려져 있는 것인가?"라고 주장합니다. 여기서 비록 독도가 한반도 남·서해안에 존재하는 다른 섬들보다 크기는 작지만, 동해상에서 울릉도를 제외하고 유일하게 있는 섬입니다. 독도는 울릉도 부속섬으로서 옛날부터 두 섬의 존재를 인식하고 있었고, 이것을 중종시대 관찬지도(官撰地圖)인 「팔도총도」에 기재한 것으로 보입니다.

「팔도총도」에 우산도의 크기는 어떻게 묘사되었나요?

일본은 "16세기 이후 조선 지도에서 볼 수 있는 우산도는 모두 독도가 아니다. 그 대표적인 예시가 바로 「팔도총도」이다. '우산도'가 현재의 독도라면 울릉도보다 훨씬 작은 섬으로 그려졌을 것이다. 하지만 이 지도에서의 '우산도'는 울릉도와 거의 같은 크기로 그려져 있다"고 반박합니다. 이와 관련하여 일본의 경우를 보면, 「팔도총도」보다 약 50년 후인 아즈치모 모야마(安土桃山) 시대에 그려진 「일본지도병풍」이 있습니다. 여기에 대마도(對馬島)와 이키(壹岐)섬이 그려져 있습니다. 실제로는 대마도가 훨씬 크지만 두 섬이 거의 같은 크기로 그려져 있습니다. 한국이 「일본지도병풍」과 같이 크기와 위치가 서로 다르게 기재되어 있는 고지도를 일본에 제시하면서 이 대마도는 일본 영토가 아니고, 조선의 영토이거나 또는 실재하지 않는 가공의 섬이라고 주장한다면 결코 수용하지 않을 것입니다.

「팔도총도」에 우산도의 위치는 어떻게 그려져 있나요?

『신증동국여지승람』은 한 장의 「팔도총도」와 여덟 장의 도별(道別)

지도를 첨부했습니다. 당시 「팔도총도」에 우산도가 울릉도 서쪽에 그려져 있으며, 「강원도지도」에도 동일하게 표시되어 있습니다. 이에 대해 일본은 "만약 한국 측이 주장하는 대로 '우산도'가 현재의 독도를 말하는 것이라면 이 섬은 울릉도의 동쪽에 그려졌을 것이다"라고 반박합니다.

16세기 제작된 「팔도총도」 우산도가 현재 독도의 실상에는 맞지 않는 다소 부정확한 지도입니다. 따라서 이 「팔도총도」를 근거로 우산도가 현재의 독도라고 주장하기에는 설득력이 다소 떨어지는 것도 사실입니다. 하지만 「팔도총도」에 그려진 섬의 위치나 크기가 다소 부정확하다고 해서 우산도를 '실재하지 않는 가공의 섬'이라고 단정하여 말할 수는 없습니다.

「팔도총도」가 가지는 고증적 의미는 무엇일까요?

「팔도총도」는 울릉도와 우산도라는 두 개의 섬이 동해 바다에 존재하고 있다는 것을 입증하는 자료입니다. 이 지도는 "우산도·울릉도, 두 섬이 강원도 울진 현(縣)의 정동쪽 바다 가운데 있다"는『신증동국여지승람』기록에 근거하여 그려진 것이기 때문입니다. 16세기 「동람도」로서 그림지도인 「팔도총도」는 지도 제작의 목적이나 당시 제작기술 능력을 고려해 보면 근원적으로 정확성에 한계점을 가지고 탄생한 지도입니다. 따라서 「팔도총도」에서 우산도의 크기와 위치가 다소 부정확하다고 해서 중종 시대 조선 정부의 독도에 대한 지리적 인식이 빈약한 것으로 해석할 수는 없습니다.

조선 왕조가 「팔도총도」를 그대로 계승하여 고지도에 우산도(독도)를 한반도와 울릉도의 사이(울릉도 서쪽)에 그렸을까요? 18세기 이후 그려진 「동국대지도(東國大地圖)」, 「아국총도(我國總圖)」, 「해좌전도(海左全圖)」의 경우 우산도(독도)를 울릉도 동쪽에 작게 그려져 있어 「팔도총도」의 오류를 시정하였습니다. 동서양 고지도에 묘사되어 있는 많은 섬들 중에 그 크기나 위치가 현재의 실상과 일치하지 않을 경우에, 그 모든 섬을 가공의 섬으로 해석할 수는 없습니다.

13. 조선 고지도와 우산도의 역사적 의미

역사적으로 세계 여러 왕국들은 전쟁을 통해 국가 영위와 권력을 강화해 왔습니다. 다른 나라 영역을 차지하기 위해서는 지리적 정보가 매우 중요한 역할을 하기 때문에 각국은 지도 제작에 온갖 노력을 다했습니다. 지금 일본은 고지도를 아전인수(我田引水)로 해석하여 독도가 일본 땅이라고 주장하고 있습니다. 이것은 사실일까요?

조선시대 고지도에 처음으로 우산도(독도)가 그려진 건 언제일까요?

고지도를 작성할 때 조정관리가 울릉도와 독도를 직접 방문하고 그렸다고 하기보다는 대체로 기존 지리지나 정보에 의거하여 고지도가 제작되었다고 봅니다. 한국에서 가장 오래된 세계지도는 조선 태종 때 「혼일강리역대국도지도(混一疆理歷代國都之圖)」(1402년)와 「팔도지도(八道地圖)」(제작자 이회(李薈))가 있습니다. 이 지도에는 울릉도만 그려져 있고 우산도(독도)는 없습니다. 그러나 세조(世祖) 때 정척과 양성지 등이 제작한 「동국지도(東國地圖)」(1463년)에 우산도(于山島)가 그려져 나옵니다.

우산도(독도)가 울릉도 서쪽에 그려져 있는 이유는 무엇일까요?

일본은 "우산도를 울릉도 서쪽에 그리고 있는 경우, 우산도는 섬 이름이 아니다. 이것은 우산국이라는 나라(國) 이름이 잘못 전승(傳承)되어 혼란을 일으킨 것이다. 따라서 조선왕조는 독도의 위치를 정확하게 파악하고 있지 않았다"고 주장합니다.

그러나 「동국지도」의 경우 『삼국사기(三國史記)』 『고려사(高麗史)』 『신찬팔도지리지(新撰八道地理志)』 등의 문헌 정보와 태종 시대와 세종 시절 사이에 울릉도 지역을 수색하는 과정에서 얻은 지리적 정보에 기초하여 동해에 존재하는 두 개의 섬 '울릉도와 우산도(독도)'를 그린 것으로 해석되고 있습니다.

우산도가 울릉도 서쪽에 그려진 이유는 무엇일까요?

조선시대 관찬지리지는 『세종실록지리지』(1454년) 이후 『팔도지리지』(1478년)가 편찬되었고, 이를 바탕으로 성종 시대 『동국여지승람』(1481년)이 완성되었습니다. 이것은 조선팔도의 지리, 풍속, 인물 등을 자세하게 기록한 것입니다. 이어서 중종 시대 『신증동국여지승람』(1531년)이 제작되었는데 여기에 부속된 지도인 「팔도총도(八道總圖)」에 우산도가 「동국지도」와 마찬가지로 울릉도 서쪽에 그려져 있습니다.

왜 이렇게 되었을까를 두고 일부에서는 "조선 본토에서 울릉도를 항해할 때 해류의 영향으로 울릉도 남동쪽에 있는 독도(우산도)를 거쳐 나중에 울릉도로 갔다. 이 때문에 먼저 경유하는 우산도(독도)를 울릉도보다 조선 본토에 더 가깝게 그렸다. 혹은 조선이 우산도(독도)

에 대한 강력한 영유권 의식을 표현하기 위해 우산도(독도)를 울릉도 서쪽인 조선 본토에 보다 가까이에 그렸다"고 주장합니다. 다른 쪽에 서는 "당시 조선인들이 울릉도와 독도에 대한 인식이 충분하지 못했기 때문이다"라는 반론도 있습니다.

우산도는 언제부터 울릉도 동쪽에 그려진 것일까요?

시대를 내려오면서 「팔도총도(八道總圖)」(1531년)를 베껴 쓰는(筆寫) 과정에서 많은 고지도에 우산도(독도)의 위치가 부정확하게 그려지기도 했습니다. 예컨대 18세기 「조선총도(朝鮮總圖)」, 「천하지도(天下地圖)」 등에는 우산도(독도)가 울릉도 남서쪽에 그려져 있기도 하였습니다. 때로는 우산도와 비슷한 한자인 자산도(子山島)·천산도(千山島)·간산도(干山島)·방산도(方山島) 등으로 그려진 고지도도 있습니다.

그렇지만 지리적 인식이 점차 발전하면서 고지도에 우산도(독도)의 위치가 울릉도 동쪽으로 수정되기 시작했습니다. 대표적인 예로서 18세기 중반 조선 영조(英祖)시대 정상기가 그린 「동국대지도(東國大地圖)」는 울릉도 동쪽에 우산도가 남북으로 긴 타원형 형태로 울릉도보다 훨씬 작게 그려져 있습니다. 이에 대해 일본은 "「동국대지도」와 같이 울릉도 동쪽에 그리고 있는 우산도라고 하더라도 그것은 죽도(竹島, 댓섬)를 가리키는 것이다. 현재의 독도와는 상관이 없다. 따라서 조선왕조는 그림지도 상으로 우산도(독도)를 조선 영토로 인식하지 않고 있었다"고 주장하고 있습니다.

고지도만으로 독도의 영유권을 판단할 수 있을까요?

일반적으로 고지도에 독도가 그려져 있으면 그것으로 독도가 어느

나라 땅인가를 확인해 주는 것으로 생각합니다. 따라서 역사적 고문
헌에 독도가 어떻게 어디에 그려져 있는지는 세간의 많은 관심사가
됩니다. 그러나 조선시대 지리적 발견 및 지도편찬 기술력을 21세기
인공위성(GPS) 등에 의한 최첨단과학 기술시대와 동일 선상에서 비
교하여 고지도에 기재된 섬의 정확성 유무로 어느 나라의 땅이었는가
를 판단하는 것 자체가 성립되기 어려운 주장입니다. 조선 고지도보
다 훨씬 나중에 세삭된 일본 고지도에 섬에 대한 지리적 위치와 명칭
에 오류가 있습니다. 따라서 고지도가 제작된 그 시대의 공간인식, 배
경 및 가치관을 이해하는 바탕 위에서 올바르게 객관적으로 고지도를
해석해야 합니다.

14. 『울릉도사적(鬱陵島事蹟)』과 우산도의 의미

1693년 조선 숙종시대 안용복과 박어둔이 일본에 납치(拉致)되는
사건이 있었습니다. 이 때문에 조선과 일본 사이에 울릉도를 둘러싸
고 영유권 분쟁(울릉도쟁계)이 발생했습니다. 그러자 조선은 일본인들
이 계속해서 울릉도에 침입하는 것을 방지하기 위해 관리를 파견하기
로 하였습니다.

숙종은 울릉도 수토정책을 어떻게 시작했는가요?

1694년 영의정 남구만은 숙종에게 "울릉도에 사람이 살 수 있는지
삼척첨사(三陟僉使)를 보내어 살펴보게 한 후, 그 섬에 주민을 보내고
이들을 살펴볼 수 있도록 진(鎭)을 설치하여 울릉도를 지키게 한다면
왜구들의 침입을 막아낼 수 있을 것입니다"라고 아뢰었습니다. 남구

만의 간곡한 진언을 받아들인 숙종은 장한상을 삼척첨사로 임명하여 울릉도와 주변 도서를 조사하도록 명령했습니다.

장한상은 수토를 어떻게 시작했을까요?

1682년 장한상은 조선통신사 일원으로 일본에 다녀온 적이 있었습니다. 본격적인 울릉도 수토를 위해서는 큰 배가 필요했습니다. 그는 배를 만들고 있는 사이에 먼저 울릉도에 대한 사전 조사가 필요하다고 생각했습니다. 그래서 그 자신이 울릉도 수토를 떠나기 전, 먼저 군관 최세철을 울릉도에 파견하여 울릉도의 상황을 살펴보도록 하였습니다. 최세철의 보고를 받은 장한상은 1694년 9월 역관 안신휘(安愼徽)를 포함하여 수행 인원 150명을 배 6척에 실어 강원도 삼척에서 출발하였습니다.

장한상은 울릉도에서 어떤 활동을 하였을까요?

1694년 10월 장한상이 삼척으로 돌아올 때까지 13일간 울릉도에 체류하면서 조사를 하였습니다. 그는 숙종에게 "왜인(倭人)들이 일찍이 울릉도에 거주한 적은 없었고 다만 울릉도에 왔다 갔다 한 흔적은 있었고, 땅은 좁고 큰 나무가 많았으며 바닷길이 험하여 다녀오는 것이 어렵고, 울릉도에 농사를 짓기 위해 알맞은 논밭인지를 알기 위해 이번에 보리(麰麥)를 심어 놓고 왔습니다"고 아뢰었습니다.

장한상은 울릉도 관리에 어떤 영향을 미쳤을까요?

영의정 남구만은 숙종에게 "백성이 들어가 살게 할 수도 없고, 한 두 해 간격을 두고 수토하게 하는 것이 합당합니다"고 진언하였습니다. 남구만의 건의를 받아들인 숙종은 "울릉도는 조선의 영토이다. 따라서 1 ~ 2년 간격으로 수토하는 것이 마땅하다"고 하였습니다. 장한상(張漢相)은 경상북도 의성 출신 무신(武臣)으로 울릉도에서 독도를 바라본 것을 최초로 문헌기록인 『울릉도사적(鬱陵島事蹟)』으로 남긴 수토관입니다. 이를 계기로 숙종 시대 수토정책(搜討政策)이 수립되었고, 장한상의 역할이 조선 정부의 수토제 확립에 결정적인 역할을 하였습니다.

장한상의 『울릉도사적』에 우산도에 대한 기록있는가요?

울릉도를 다녀 온 장한상이 조정에 보고한 『울릉도사적(鬱陵島事蹟)』에는 "비 개이고 구름 걷힌 날, 산(山) 중간 봉우리(中峯)에 올라보니 남쪽과 북쪽의 두 봉우리가 우뚝하게 마주하고 있었으니, 이것이 이른바 삼봉(三峯)이다. 서쪽으로는 구불구불한 대관령(大關嶺) 모습이 보이고, 동쪽으로 바다를 바라보니 동남쪽에 섬 하나가 희미하게 있는데 그 크기는 울릉도의 3분의 1이 미만이고 거리는 300여 리에 지나지 않는다"는 내용이 나옵니다.

이것은 장한상이 울릉도 성인봉에 올라가 사방을 둘러 본 것을 말해 주는 것입니다. 그는 울릉도 동쪽 5리쯤에 있는 섬(죽도, 댓섬)과 함께 오늘날의 독도로 볼 수 있는 섬(우산도)을 눈으로 본 것을 적은 것입니다. 비록 우산도 명칭에 대한 직접적인 언급이 없고 면적과 거리에 약간의 오차가 있지만 울릉도에서 독도를 바라 본 사실이 잘 정리되어 있습니다. 장한상이 『세종실록지리지』에서 울릉도와 독도(우산도)가 날씨가 맑으면 바라볼 수 있다는 것을 입증한 최초의 조선 관리였습니다.

그림 8 ▮ 울릉도사적 장한상(1694년, 경북도 유형문화유산)

숙종은 울릉도와 독도 분쟁을 방지하기 위해 어떤 일을 했나요?

1693년 안용복 납치 사건을 계기로 조선과 일본 간에 울릉도를 둘러싼 외교분쟁이 발생하였습니다. 숙종이 장한상을 울릉도에 파견한 것도 울릉도쟁계(鬱陵島爭界)를 잘 해결하기 위한 것이었습니다. 이를 위해 숙종은 이 분쟁을 어떻게 해결할 것인가를 두고 과거시험을 출제하였습니다. 시험문제는 "조선 조정에서는 울릉도에 군대를 보내 먼저 점거하여 지키자는 의견과 일본과의 우호를 지키기 위해 일본인의 왕래를 허용하고 변방의 방비를 잘하자는 의견이 있다. (책문)이에 대해 과거시험 응시자(사대부)들의 의견은 무엇인가?(대책)"에 대한 것이었습니다.

당시 경상북도 의성 지역 출신의 선비 신덕함은 조정대신들의 의견을 모두 비판하고 '형세를 잘 살피고 적임자를 얻어 잘 처리하는

것"(심세득인: 審勢得人)을 답안으로 준비하고 있었습니다. 이러한 과
거시험(책문)의 존재는 울릉도 외교교섭을 둘러싸고 숙종 임금의 고
뇌를 읽을 수 있습니다. 이는 약 100년 전 도요토미 히데요시(豐臣秀
吉)로부터 유린을 당한 조선 조정은 긴장할 수 밖에 없었기 때문입니
다. 17세기 숙종시대 강경론과 온건론이 대립되고 있는 당시 조정 대
신의 의견은 21세기 현재와 다를 바가 하나도 없습니다.

15. 「울릉도도형(鬱陵島圖形)」과 '소위우산도'의 의미

　조선 숙종시대 일본과의 울릉도 영유권 분쟁(울릉도쟁계)을 계기로
울릉도에 대한 지리적 인식이 확대되었습니다. 이에 따라 그 부속섬
인 독도에 관심을 가지게 되었고 지도 작성에도 영향을 주어 우산도
의 위치가 명확하게 부각되었습니다.

1696년 도해금지령 이후 일본인은 울릉도에 오지 않았나요?

　1710년 사직(司直) 이광적(李光迪)이 숙종에게 "왜선이 자주 울릉도
에 들어가 어족자원(魚物)을 채취해가니 진실로 한심한 일입니다. 혁파
(革罷)한 옛날의 진(鎭)을 다시 설치하는 등 서둘러 대책을 강구해 주십
시오"라고 상소를 올립니다. 숙종 임금과 신하의 대화는 무엇을 의미
한 것일까요? 1693년 울릉도 영유권 분쟁을 둘러싸고 조선과 일본 사
이에 외교교섭을 한 결과 일본 최고 통치권자인 에도 막부(幕府)가
1696년 1월 28일 "일본인들은 더 이상 울릉도를 건너가지 말라"는 명
령을 내렸음에도 불구하고 그 이후에도 막부의 명을 어기고 일본 어선

들이 몰래 울릉도를 지속적으로 침입했었다는 것을 알 수 있습니다.

조선 중기 이후 조선은 울릉도 관리를 어떻게 했나요?

울릉도의 자원을 수탈하기 위한 왜구 외에도 조선인과 일본인들이 울릉도에 들어간 사실을 알게 된 조선 조정은 울릉도에 관리(수토관)을 보내어 섬을 수색하고 토벌하는 수토정책(搜討政策)을 실시했습니다. 1711년 숙종은 박석창을 삼척영장에 임명하여 울릉도에 파견하였습니다. 숙종의 명을 받은 박석창은 울릉도 조사를 마치고 돌아와서, 「울릉도도형(鬱陵島圖形)」 지도를 제작하여 조선 조정에 바쳤습니다.

그림 9 ▮ 울릉도도형 박석창(1711, 소장: 서울대학교 규장각)

박석창의 「울릉도도형(鬱陵島圖形)」에는 어떤 기록이 있는가요?

1694년 장한상이 조선 조정에 보고한 『울릉도사적(鬱陵島事蹟)』에는 "동쪽으로 5리(里) 정도 떨어진 곳에 작은 섬이 하나 있다. 그 크기가 그리 크지 않으며 해장죽(海長竹)이 한쪽에 모여 자라고 있다"가 나옵니다. 이 보고가 있은 지 약 10여 년이 지난 후, 숙종의 명에 따라 울릉도를 다녀 온 박석창이 제작한 「울릉도도형(鬱陵島圖形)」 지도에는 앞서 장한상이 언급한 동쪽으로 5리(里) 정도 떨어진 곳에 있는 작은 섬에 대해 '해장죽전(海長竹田) 소위우산도(所謂于山島)'라는 글귀가 적혀 있었습니다.

박석창의 「울릉도도형」에서 '우산도'의 위치는 어디인가요?

「울릉도도형」을 소장하고 있는 서울대 규장각의 해설에는 "여기 우산도(于山島)라 기입한 섬이 바로 독도를 지칭한 듯하다"라고 말하였습니다. 그러나 일본은 "「울릉도도형」에는 울릉도 동쪽에 '우산도'가 그려져 있는데 거기에는 '소위우산도(所謂于山島) 해장죽전(海長竹田)'이라고 표기되어 있다. 이 '해장죽(海長竹)'은 조릿대의 일종인데, 바위섬인 독도에는 그와 같은 식물이 전혀 자라지 않는다. 따라서 이 우산도는 독도가 아니다. 이 지도는 한국 측의 영토설을 일거에 뒤집을 수 있는 귀중한 자료이다"라고 반론하였습니다.

박석창의 「울릉도도형」에는 어떤 특이점이 있을까요?

「울릉도도형」에는 이전에 제작된 많은 다른 고지도와는 달리 '우산도(于山島)라는 지명 앞에 '소위(所謂)'라는 수식어가 붙어있습니다. 박석창은 왜 '소위(所謂)'라는 두 글자를 덧붙였을까요? 박석창이 숙종의 명을 받고 울릉도로 파견되기 약 15년 전에 영의정 남구만과 조선 조정의 대신들은 두 차례(1693년과 1696년)나 일본을 다녀온 안용복을 심문하였습니다. 일본과 울릉도 분쟁을 해결하기 위한 문서(서계)를 주고받는 과정에서 '울릉도와 우산도(독도)'가 있다는 사실을 잘 알고 있었습니다. 따라서 숙종의 명을 받고 울릉도에 파견된 박석창은 울릉도와는 별개로 우산도(독도)가 동해 바다에 존재하고 있다는 것을 사전에 충분히 인식하고 있었다고 보입니다.

수토관 장한상과 박석창은 독도인지에 어떠한 차이가 있을까요?

1694년 울릉도에 파견된 장한상은 독도를 발견하여 그 섬에 대한 거리 형상은 기록으로 남겼지만, 이 섬을 우산도라고 명칭을 부여하여 「울릉도사적」에 기록으로 남기지는 않았습니다. 이에 반해 1711년 박석창의 경우는 장한상과는 달리 우산도(독도)를 확인하지 못한 것 같습니다. 하지만 울릉도에서 약 2km 떨어진 장한상이 발견한 동쪽으로 5리(里) 정도 떨어진 곳 작은 섬에 해장죽(海長竹)이 자라는 섬을 목격하였습니다. 박석창은 그 작은 섬에 '소위'라는 글자를 덧붙여 '소위우산도'라고 기재한 것입니다. 박석창의 「울릉도도형」에 '소위우산도'라고 표기된 곳은 오늘날 죽도(댓섬)로 보는 것이 타당하며, 현재의 독도(우산도)와는 구별해서 보아야 합니다.

박석창은 왜 죽도(댓섬)을 '소위우산도'라고 적었을까요?

1711년 박석창은 1694년 장한상과는 달리 오늘날 독도인 우산도(于山島)를 발견하지는 못하였습니다. 이러한 상황에서 해장죽이 자라는 이 섬이 당시 조선 조정이 인지하고 있는 우산도(독도)로 확신할 수는 없었습니다. 이렇게 추론할 수 있는 이유는 1694년 장한상은 "울릉도 성인봉에 올라 동남방(辰方) 바다 한 가운데 희미한 섬을 하나 보았는데 그 크기는 울릉도의 3분의 1이고, 울릉도로부터의 거리가 300여리 떨어져 있다"라고 서술한 내용과 박석창 자신이 바라 본 "해장죽(海長竹)이 자라고 5리(里)밖에 떨어져 있지 않는 섬"과는 그 형세와 거리상으로 많은 차이가 있었기 때문입니다. 그렇지 않고서는 박석창이 굳이 그 섬(죽도) 앞에 수식어인 '소위(所謂)'(이것이 사람들이 말하는)라는 글자 단어를 붙일 이유가 없었다고 보아야 합니다.

박석창의 「울릉도도형」이 한국의 독도영유권 주장을 뒤집는 것일 까요?

18세기 「조선지도」의 울릉도에는 더이상 '해장죽전'(海長竹田)이라 는 용어가 나오지 않을 뿐만 아니라 '소위우산도(所謂 于山島)'가 '우산 (于山)'으로 표기되어 있습니다. 이것은 숙종 이후 계속되는 수토 과 정에서 우산도가 현재의 죽도(댓섬)가 아님을 확인하게 된 결과입니 다. 지금 한국에서 '소위우산도'를 두고 독도라고 주장하는 사람은 아 무도 없습니다. 박석창의 「울릉도도형」에 나오는 '소위우산도'는 현재 의 죽도(댓섬)이고, '소위'라는 수식어가 없는 '우산도(于山島)'는 현재 의 독도를 가리키는 것입니다.

16. 「동국지도」와 우산도의 역사적 사실과 해석

고지도(古地圖)는 『지리지(地理志)』 역사 문헌(文獻)에 부속된 성격 을 갖고 있습니다. 따라서 우리가 고지도에 대한 이해를 보다 정확하 게 하려면 고지도에 나타난 '글자(字句)'해석에 만 매몰되어 억지춘향 식으로 해석하는 것은 하지 말아야 합니다.

조선의 지도「동여비고(東輿備考)」에 울릉도가 어떻게 묘사되어 있나요?

일본은 "조선이 제작한 강원도지도「동여비고(東輿備考)」에는 울릉도 (鬱陵島)와 무릉도(武陵島)가 그려져 있다. 무릉도 앞에 '일운(一云)우산 (于山)'이라고 적혀 있는데, 일반적으로 지금까지 울릉도의 다른 명칭 (別稱)은 무릉도였다. 그런데「동여비고」는 독도(우산도)에 대한 다른 명칭으로 무릉도(武陵島)를 사용하고 있다. 이것은 우산도가 현재의 독 도가 아니라는 것을 한층 더 증명하는 것이다"라고 주장합니다.

이에 대해 한국은 "일운(一云) 우산(于山)이 무릉도 앞에 기재되어 있다고 해서 그것이 곧바로 무릉도의 다른 명칭으로 우산도(독도)라 고 단정할 수는 없다. 그 이유는 지금까지 한국 고문헌에서 우산도의 다른 명칭으로 무릉도를 기재한 사례는 하나도 찾아볼 수 없기 때문 이다"라고 말합니다.

조선 고지도에 우산도는 어떻게 기재되어 있는가요?

「해동지도(海東地圖)」의 울릉도(鬱陵島)에는 "울릉도 본도(本島)를 큰 원으로 그렸고 그 동쪽에 '소위우산도'라고 쓴 섬이 하나가 있고, 울릉도 서쪽에 '우산도'로 그려져 있습니다.「대동총도(大東總圖)」는 '왜선창가거(倭船倉可居)'로 기재된 우산도가 울릉도 서쪽에 그려져 있 습니다. 이것은 선조들이 그린 고지도를 후세의 사람들이 베껴서 그 리다가 우산도를 잘못 그리거나 실수로 그리지 않은 경우가 있었고, 이러한 사실은 우산도가 현재의 독도의 위치와 맞지 않는 점이 있다 는 점을 부인하기는 어렵습니다.

정상기「동국지도」의 특징은 무엇인가요?

고지도상에 단순한 오류로 인해 조선이 울릉도와 독도의 두 섬을 인식하지 못했다는 일본 주장은 설득력이 떨어집니다. 18세기 중엽에 이르러서는 잘못된 위치에 기재된 우산도의 위치가 수정되어 올바로 잡혀가기 때문입니다. 대표적인 지도로 정상기가 제작한「동국지도 (東國地圖)」가 있습니다. 정상기는 종전의 그림식 지도책을 참조했지만 오류가 있는 지도를 그대로 모방하여 따라 그리지는 않았습니다. 「동국지도」의 특징은 "한반도 북부 지방의 왜곡된 윤곽이 수정되고 거리와 방향이 정확하여 울릉도 동쪽에 우산도(독도)가 있다는 인식을 제대로 반영하고 있다"는 것을 알 수 있습니다.

정상기는 조선 조정과 어떤 인맥을 가지고 있었을까요?

정상기가 종래의 지도 제작을 따르지 않은 배경에는 안용복의 행적과 정상기의 인맥이 관련 되어 있습니다. 당대 재야 지식인 성호 이익(李瀷)은 "안용복이 송도(松島)도 본래 우리 우산도(芋山島)라고 하고 다음 날 우산도로 갔다. 안용복은 도망가는 일본인들을 뒤 쫓아가서 오키도(玉岐島)로 갔다가 호키주에 이르렀다"라고 서술했습니다. 이 사실은『숙종실록』에도 나와 있는데요, 다만, 실록에는 '우산도(芋山島)가 아닌 자산도(子山島)로 되어 있을 뿐입니다.

성호 이익의 아들 이맹휴(李孟休)는 당시 예조정랑(禮曹正郎)으로 있으면서『춘관지(春官志)』를 편찬했습니다. 이맹휴의 신분적 지위와 역할로 인해 그는 안용복과 관련한『숙종실록』기록에 대해서도 정통했을 것입니다. 자기 아들인 이맹휴와 이러한 지식을 공유하고 있었던 이익은 「동국지도」를 제작한 정상기와도 30여 년간의 교우관계에 있었습니다. 따라서 정상기는 친구인 성호 이익 선생을 통해 안용복 활동 내용이 적힌 『숙종실록』의 정보를 접할 수 있었습니다. 이에 근거하여 정상기는 옛날 지도에서 울릉도의 서(西)쪽에 그려져 있던 우산도를 울릉도 동(東)쪽으로 옮겨 그려 그 이전의 오류를 바로잡을 수 있었다고 보입니다.

정상기의 지도는 어떤 평가를 받았을까요?

정상기의 「동국지도」는 정확성이 뛰어나 후세 사람들이 인용하거나 축소하여 이용했습니다. 그리고 정상기의 아들 정항령을 비롯해 후손들이 대를 이어 수정 보완하였습니다. 이 계통의 「동국대지도」를 본 조선 영조는 홍문관에 한 부를 복사해 두고 이용하도록 지시할 정도이었습니다. 이렇게 정상기의 「동국지도」에 영향을 받은 18세기 이후 제작된 지도로서 「팔도지도」, 「강원도지도」, 「조선지도」 등이 있습니다. 이 지도의 특징은 16세기 제작된 지도의 오류를 시정하여 울릉도와 우산도(독도)의 크기와 위치가 수정되어 울릉도는 크게 묘사되고, 부속섬인 우산도는 울릉도 동쪽에 작게 그리고 있습니다.

우리는 고지도를 제작한 당사자의 관련 기록을 바탕으로 고지도가 제작된 당시 상황을 고려하여 객관적인 분석을 해야 합니다. 일본은 자신들의 고지도에 그려진 섬의 크기나 위치에 오류가 많은 점은 애써 무시하고 조선이 제작한 고지도에 대해서는 과도한 정확성을 요구하고 있습니다. 당시 지리적 인식의 빈약성을 고려해 보면 사소한 오류를 핑계 삼아 18세기 조선 정부가 독도의 존재 자체를 알지 못하였다고 인정하라고 주장하고 있습니다. 이는 조선 고지도의 사료 해석을 당시의 시대적 상황에 비추어 객관적으로 규명하기 보다는 일본 국익에 유리하도록 자의적으로 해석하는 것으로 올바른 자세가 아닙니다.

17. 「여지고(輿地考)」와 『강계고(疆界考)』 관계와 의미

일본은 "한국 측이 『동국문헌비고(東國文獻備考)』, 등을 근거로 '우산도는 독도'라고 주장하고 있다. 하지만 그 이전에 편찬된 『여지지(輿地志)』의 원래 서술 내용은 우산도와 울릉도는 동일한 섬이라고 하고 있다. 따라서 『동국문헌비고』에 쓰여진 내용은 『여지지』에서 직접 정확하게 인용된 것이 아니라고 비판하는 연구도 있다"라고 주장합니다. 과연 이는 진실일까요?

신경준이 그린 지도는 어떤 특징이 있을까요?

신경준은 영조 시대 문신이자 실학자입니다. 1769년 영조는 신경준에게 지도 제작 사업에 참여하도록 명령하였습니다. 영조의 명을 받은 신경준은 1770년 8월 조선전도(全國圖)(1권), 도별지도(八道圖)(1권), 고을지도책(列邑圖)(8권)을 완성했습니다. 이 지도들은 정상기의 「동국지도」계통 지도를 참조하여 제작한 것입니다. 그는 지도를 이용하는 사람이 거리를 파악할 수 있도록 20리 간격으로 눈금선을 그어 제작했고, 강원도 고을지도(26개 소속)와 함께 「울릉도지도(鬱陵島地圖)」를 그렸는데 울릉도와 우산도 사이의 거리는 대략 2칸, 40리로 그렸습니다. 울릉도는 동서로 긴 타원형으로 그려져 있고, 남쪽에는 이름이 없는 다섯 개의 섬, 동쪽에는 '우산(于山)'이 그려져 있습니다.

특히 눈여겨볼 대목은 '소위우산도(于山島)'라는 명칭이 사라졌고, 우산도의 위치를 보다 정확하게 그려져 진 점입니다.

신경준의 비판적 분석은 어떻게 형성되었나요?

1693년 안용복 납치 사건으로 인한 조선과 일본 간에 울릉도쟁계 외교교섭 이후 수토정책을 시행하는 과정에서 동해 바다에 대한 지리적 인식이 확대되어 갔습니다. 이 때문에 조선 후기에는 조선의 역사, 지리 등에 대한 다양한 지도와 지리지가 제작되었습니다. 그 당시 조선은 성리학(性理學)에서 벗어나 사실을 토대로 진리를 추구하는 실사구시(實事求是)의 실용학문(實用學問)을 추구하고 있었습니다.

이에 영향을 받은 신경준은 100여년 전 유형원의 『여지지(輿地志)』 이후에 발간된 여러 문헌과 지도를 분석하면서 기존의 연구와는 다른 새로운 인식을 갖게 되었습니다. 그리하여 신경준은 유형원의 『여지지(輿地志)』에 서술된 '우산과 울릉이 동일한 한 개의 섬'이라는 일설(一說)에 대해 비판의식을 가지게 되었습니다.

신경준은 1756년 유형원의 『여지지(輿地志)』를 참고하여 『강계고(疆界考)』를 저술하였습니다. 신경준은 이 책의 울릉도조(鬱陵島條)에 "내가 살피(생각)건대 『여지지(輿地志)』가 말하기를 일설(一說)에 우산과 울릉은 본래 하나의 섬이라고 하는데, 여러 지도와 문헌(圖志)을 고려해 보면 울릉과 우산은 두 개의 섬이고, 하나는 바로 일본(倭)이 말하는 마쓰시마(松島: 독도)로서 두 섬은 모두 우산국(于山國)의 땅이다"라고 적었습니다.

신경준의 비판인식이 조선 관찬서(官撰書)에 어떻게 반영되었을까요?

1770년 영조는 국가 통치에 활용하기 위해 '조선의 정치 경제 문화 등 각종 제도와 문물을 분류해서 정리한『동국문헌비고(東國文獻備考)』를 발간하였습니다. 영조의 명에 따라 신경준은『동국문헌비고(東國文獻備考)』의「여지고(輿地考)」편찬사업 부분을 담당하였습니다. 이것은 1756년 신경준 자신이 개인적으로『강계고(疆界考)』를 저술하여 유형원의『여지지(輿地志)』서술 내용을 바로 잡고 약 15년이 지난 후의 일이었습니다.

이에 대해 일본은 "신경준이『동국문헌비고』의「여지고(輿地考)」를 편찬하는 과정에서 1656년 유형원이 편찬한『여지지(輿地志)』를 제멋대로 고쳐서 서술했다.『여지지』에 나오는 우산과 울릉은 본래 동일한 하나의 섬인데 신경준은 '옛 지도와 문헌에 우산도와 울릉도가 두 개의 섬으로 그려져 있다는 것을 이유로 우산도와 울릉도를 동일한 하나의 섬이 아니라 두 개의 다른 섬으로 고쳐서 기술했다"고 주장합니다. 하지만 일본의 주장은 진실이 아닙니다.

영조는 신경준의 업적을 어떻게 평가했을까요?

신경준은 과거 고대사에 전해져 오는 지리적 정보에 대해 비판적 분석으로 방대한 역사적 지식을 가지고『동국문헌비고』의「여지고(輿地考)」를 편찬하였습니다. 1770년 관찬서「여지고(輿地考)」에서 신경준은 '1656년 유형원의『여지지(輿地志)』에 나오는 우산과 울릉이 동일한 하나의 섬이라는 일설(一說)과 1756년 자신이 저술한『강계고

(疆界考)』에서 언급한 '내가 살펴(생각)건대'라는 서술 내용을 모두 삭제하였습니다. 이로써 이전 기록에서 우산과 우릉에 대해 다소 애매모호하게 표현한 것을 완전히 정리하였습니다.

신경준은 우산도(于山島)와 울릉도(鬱陵島)는 동일한 하나의 섬이 아니라 서로 다른 두 개의 섬이라는 것을 밝혀내고, 우산(于山)은 일본(倭)이 말하는 마쓰시마(松島) 즉 독도(獨島)라고 명확하게 매듭지었습니다. 영조는 신경준이 지리, 천문, 역법 등 다방면에 걸쳐 박식한 것에 놀라워하며 지식이 해박한 재원이라고 칭찬하였고, 특히 『동국문헌비고』 편찬에 참여한 사람 중에서도 그의 역할을 매우 높이 평가하였다고 합니다.

II. 세계가 바라보는 독도 진실

1. "폭력·탐욕"의 희생양 독도

연합국은 제2차 세계대전이 끝난 후 일본이 침략한 세계 각국의 영토를 어떻게 되돌려줄 것인가를 고민하였습니다. 1942년 미국 루스벨트 대통령과 영국 처칠 수상은 "야만적이고 잔인한 적(독일·이탈리아·일본)들에 맞서 함께 투쟁한다. 완전한 승리를 위해 사용 가능한 자원을 총동원한다. 단독 강화나 휴전은 있을 수 없다"는 공동선언을 발표하여 전쟁 승리를 독려했습니다.

카이로선언(Cairo Declaration)은 무엇을 규정했는가요?

1943년 카이로선언은 일본이 폭력 및 탐욕으로 약탈한 지역에서 일본 세력을 몰아내겠다고 했습니다. 일본이 폭력과 탐욕으로 빼앗은 땅에 독도가 포함되는가에 대해 한일 간에 공방이 있습니다. 한국은 "카이로선언에서 말하는 폭력과 탐욕으로 탈취된 지역에 독도가 포함된다. 그러므로 독도가 한국에 당연히 반환되어야 한다"고 주장합니다. 그러나 일본은 "독도가 한국 영토인 적은 한 번도 없었다. 독도는 폭력과 탐욕으로 탈취한 지역이 아니라 역사적으로 17세기부터 일본의 고유 영토였다"고 주장합니다.

일본의 주장은 사실이 아니며 독도는 역사적으로 한국의 고유영토입니다. 1943년 연합국 카이로선언의 '일본이 폭력과 탐욕으로 탈취한 지역'에 한반도와 함께 울릉도와 독도가 포함되어 있는 것은 분명합니다. 일본은 제국주의 침략 대상에서 독도를 분리시키고자 합니다. 그 이유는 카이로선언에서 말하는 '폭력과 탐욕'으로 쟁취한 지역에 독도를 포함되지 않는 것으로 만들기 위한 것입니다.

일본은 왜 한일의정서를 체결했는가요?

1904년 2월 8일 중국 랴오둥 반도의 뤼순 항에 정박해 있던 러시아 극동함대가 일본으로부터 기습공격을 받았습니다. 한반도의 지배권을 두고 일본과 러시아 두 열강 사이에 전쟁이 시작된 것이죠. 일본이 가장 먼저 겨냥한 것은 한국이었습니다. 러·일전쟁이 터지자마자 일본은 수도 서울을 무력으로 점령했습니다. 1904년 2월 23일 일본은 고종황제와 대신들을 협박하여 "전략상 필요한 대한제국의 영토를 마음대로 사용할 수 있다"는 한일의정서를 체결했습니다.

일본의 독도 편입 과정은 어떠했는가요?

1904년 9월 29일 일본의 나카이 요자부로가 독도를 일본영토로 편입해 달라는 청원을 하였습니다. 그러자 일본 외무성 야마자 엔지로 국장은 독도를 안보적 관점에서 자기네 영토편입으로 추진하였습니다. 마침내 1905년 2월 22일 '독도는 주인이 없는 땅'이라고 하면서 시마네현에 영토로 편입시켰습니다. 한반도와 함께 독도는 일제강점기 36년 동안 일본의 지배를 받게 되었습니다.

일본 시마네현 독도 영토편입의 근거는 무엇인가요?

일본은 "1905년 당시 독도에서 무력충돌이 없었고, 근대 국제법에 따라 합법적으로 독도를 편입했다. 1년이 지난 후 1906년 3월, 당시 울릉군수 심흥택에게 독도 편입을 통보하였다. 그러나 대한제국은 외교 경로를 통해 아무런 항의가 없었다. 1910년에 한일병합이 이루어 졌기에 1905년 독도 편입은 이와는 상관이 없다. 따라서 폭력과 탐욕으로 독도를 탈취하지 않았다"고 주장합니다. 그러나 일본의 억지 주장은 사실이 아니며 독도 편입은 국제법적으로 불법으로서 영토편입은 무효입니다. 국제법상 독도의 불법 편입은 일본이 한반도 전체를 군사적으로 강제 점령하던 일련의 침탈 과정 중에 일어난 것입니다.

독도가 카이로선언(Cairo Declaration)의 대상이 되는가요?

19세기 일본 제국주의가 정한론(征韓論)을 근거로 한반도를 침략할 당시 한반도 전체는 물론이고 동해 바다 울릉도 독도 역시 일본의 자원 수탈 침략의 희생양이 되었습니다. 독도는 1904년 러·일전쟁에서 승리하기 위한 군사적 전략기지로서 한국 본토의 영토 침략과 그 궤를 같이 하고 있습니다.

20세기 초 일본의 폭력과 탐욕에 의해 독도가 첫 희생양이 되었습니다. 1904년 2월 10일, 러시아에 선전포고한 일본은 군대를 서울에 진입시켜 대한제국의 수도를 점령했습니다. 일본은 고종황제와 조정 대신들을 협박하여 대한제국의 중립선언을 묵살시키고 한일의정서를 체결했습니다. 허울 좋은 이 의정서를 근거로 일본은 러·일전쟁 승리에 필요한 독도에 망루대를 설치하는 등 군용지로 사용했습니다.

독도를 카이로선언이 규정한 '폭력과 탐욕'의 대상이 아니라고 하는 것은 독도를 군사적으로 점령한 사실은 있으나 대한제국의 영토주권을 침해하는 불법행위는 아니다라고 주장하는 것입니다. 이는 세간에서 비유하는 "술은 마셨으나 음주운전은 아니다"와 같은 궤변입니다.

한국계 일본인 도고 시게노리의 선택이 주는 의미는 무엇인가요?

1945년 포츠담 선언(제8항 전반부 규정)에서 카이로 선언의 조건은 이행되어야 한다는 규정을 법률적으로 엄밀히 검토하라고 지시한 사람이 있었습니다. 바로 일본의 외무대신 도고 시게노리(東鄕茂德)입니다. 그는 임진왜란 당시 일본에 끌려간 도공 박평의 후손으로 한국계 일본인이었습니다. 5살 때까지는 한국 이름은 박무덕이었는데, 아버지 박수승은 도고라는 사무라이 가문의 족보를 사들여 성을 도고로 바꾸었습니다. 태평양전쟁에서 패전 후 도고 시게노리는 A급 전범으로 기소되어 20년형을 선고받고 수감 중 사망했습니다. 그는 군부의 결사항전과 암살 테러 위협에도 불구하고 포츠담 선언을 수락하고 일본의 항복 선언을 이끌어 냈습니다. 한국계 일본인 도고 시게노리의 선택이 한반도가 보다 빨리 일제 식민지로부터 광복을 맞을 수 있었던 것입니다.

그림 10 ▮ 조선 도공의 후예 박무덕 일본 외무성 도고 시게노리

2. 태평양전쟁 발발과 연합국의 반격

　일본이 태평양전쟁을 일으키면서 '대동아 공영권 건설'을 주장했습니다. 이것은 "귀신과 짐승 같은 영국과 미국 백인의 아시아 지배를 끝장내고 아시아인에 의한 아시아를 만들기 위해서는, 아시아인 모두가 일본을 중심으로 뭉쳐야 한다"는 것입니다. 소위 '대동아 침략전쟁'을 정당화하기 위한 치밀하게 계산된 논리입니다.

일본의 진주만 기습 공격이 미국에 어떤 영향을 미쳤는가요?

1941년 12월 7일 화창한 일요일. 평온한 하와이 진주만이 일본의 무차별 공격으로 삽시간에 불바다가 되었습니다. 당시 진주만에 정박 중이던 애리조나호는 두 동강이 난 채 침몰하면서 1,177명의 장병이 전사하는 엄청난 피해를 입었습니다. 휴일에 이 끔직한 기습 소식에 미국인들은 분노와 충격에 휩싸였는데요. 당시 미국의 루스벨트 대통령은 "어제는 치욕의 날입니다. 미국이 일본의 해군과 공군에게 고의적인 기습공격을 당했습니다. 하지만 미국은 이 전쟁에서 기필코 승리할 것입니다. 신이여. 우리에게 가호를 내려주십시오"라며 보복을 다짐하며 선전포고를 하였습니다.

미국은 태평양 전쟁에서 어떤 전략을 사용했는가요?

1941년 일본은 진주만 기습 공격 이후에도 미드웨이, 웨이크, 괌 등 태평양의 미국 기지를 폭격해 상당수의 미국 함대가 파괴되어 미국은 초기 반격에 성공하지 못했습니다. 일본은 미얀마, 말레이 반도, 싱가포르, 인도차이나 및 필리핀을 점령했습니다. 그러나 1942년 더글러스 맥아더가 지휘한 미군은 파괴된 함대를 신속하게 복구하면서 태평양에서 일본군을 몰아내기 시작했습니다. 하와이 서쪽 미드웨이 제도를 둘러싼 전투에서 승리를 계기로 전세를 역전할 수 있었습니다. 일본은 콰달카날, 사이판(Saipan) 등지에서 '가마가제 특공대', '인간어뢰' 등으로 완강히 맞서 미군에게 상당한 피해를 입혔습니다. 그러나 1944년 미국은 필리핀을 탈환하고 이오지마 섬에 이어 오키나와에 상륙하여 일본 본토를 공격해 들어갔습니다.

카이로선언(Cairo Declaration)의 주요 내용은 무엇인가요?

1943년 11월 27일 이집트 카이로에서 루스벨트(미국 대통령), 처칠(영국 수상), 장제스(중국 총통)가 3자 회담을 하였습니다. 연합국 대표들은 "일본이 무조건 항복할 때까지 계속해서 싸울 것을 천명하고 카이로선언"을 채택했습니다. 선언에는 제2차 세계대전이 끝난 후 일본이 침략한 다른 나라의 영토를 어떻게 원상 복구시킬 것인가에 대한 세 가지 기본원칙을 정하고 있었습니다.

"(1) 제1차 세계 대전 이후 일본이 탈취한 태평양의 모든 섬을 박탈한다. (2) 만주(滿洲), 타이완(臺灣), 펑후도(澎湖島) 등 일본이 중국으로부터 빼앗은 모든 지역을 중국에 반환한다. (3) 일본이 '폭력 및 탐욕'에 의해 탈취한 일체의 지역에서 일본을 축출(驅逐)한다"는 것입니다.

특히 여기에 한국에 대한 특별 조항을 두고 있었습니다. 그 내용은 "우리는 한국민의 노예상태(enslavement of the people of Korea)에 유의하고 적당한 경로를 밟아 한국이 해방되고 독립될 것을 결의한다"라는 것입니다. 이것으로 당시 한국민들이 지난 36년 동안 일제 식민지로서 노예상태에 처해 있었음을 전 세계에 알리는 계기가 된 것입니다.

'포츠담선언(Potsdam Declaration)'의 주요 내용은 무엇인가요?

1945년 7월 26일 투르먼(미국 대통령), 영국(처칠 수상), 스탈린(소련 서기장)이 독일 베를린 교외 포츠담에서 정상회담을 한 후, '일본의 항복조건을 정한 선언' 포츠담선언'을 발표했습니다. 여기에 "일본이 항복하지 않으면 즉각적이고 완전한 파멸에 직면할 것이라는 경고와 함께 카이로선언의 요구 조건들은 이행되어야 하고, 일본의 주권은 혼슈, 홋카이도, 규슈, 시코쿠와 연합국이 결정하는 작은 섬들에 국한된다"라고 선언하였습니다. 이러한 연합국 대표들의 포츠담선언에도 불구하고 일본은 항복을 거부하였습니다.

그림 11 ┃ 카이로 회담. 중화민국 장제스 총통, 루스벨트 미국 대통령, 처칠 영국 총리(왼쪽부터, 1943년 11월)

연합국의 공동선언이 독도에 미친 영향은 무엇인가요?

미국은 1945년 8월 6일 히로시마(廣島)에 8월 9일 나가사키(長崎)에 원자폭탄을 투하하였습니다. 엄청난 피해에 경악한 일본이 1945년

8월 15일 무조건 항복함으로써 무자비한 전쟁, 참혹한 학살의 끔직한 세계대전도 끝이 났습니다. 1904년 러·일전쟁을 계기로 일본의 '폭력(violence)과 탐욕(greed)'으로 빼앗긴 독도는 연합국의 1943년 카이로선언과 1945년 포츠담선언에 의해 일본이 한국에 반환해 주어야 할 섬이었습니다. 일본의 패전으로 인한 "대한독립 만세"의 기쁨도 잠시 뿐이었습니다. 일본은 포츠담선언을 분석하여 연합국이 결정하는 일본 영토의 '작은 섬들(minor islands)에 다케시마(독도)'를 포함시키기 위해 각별한 노력을 기울였습니다. 이에 비해 한국은 해방(解放) 직후부터 시작된 신탁통치와 이념논쟁으로 국론이 분열되면서 독도는 국민 관심에서 소외될 수밖에 없었습니다.

3. 일본 항복문서와 독도의 반환

1945년 9월 2일 도쿄 요코하마에 정박 중인 미주리호 선상에서 맥아더 사령관이 지켜보는 가운데 일본 시게미쓰 마모루(重光葵) 외무장관이 '항복문서"(Instrument of Surrender by Japan)'에 서명을 했습니다.

항복문서의 주요 내용은 무엇인가요?

항복문서는 일본과 9개 연합국 대표(미국, 영국, 소련, 중국, 프랑스, 호주, 캐나다, 뉴질랜드, 네덜란드) 사이에 체결한 것인데요. 그 내용은 "1947년 7월 26일 포츠담에서 미국, 중국, 영국의 정부 수뇌에 의해 발표되고 그 후 소련에 의해 지지된 선언에 제시한 규정을 수락한다... 우리는 이후 일본 정부와 그 승계자가 포츠담선언 규정을 성실히 이행할 것을 약속한다"는 것이었습니다.

그림 12 ┃ 일본 외무상 시게미쓰 마모루가 미주리호에 승선하여 일본 항복 문서
에 서명(1945년 9월 2일)

히로시마 원폭 투하의 결과는 무엇이었는가요?

일본 제국주의 침략도 종말이 다가오고 있었습니다. 1945년 8월 6
일 일본 히로시마는 맑게 개어 있었습니다. 오전 8시 15분 30초 미국
B-29 폭격기(에놀라 게이) 두 대가 원자폭탄을 투하했습니다. 8시 16
분 2초. 떨어지던 폭탄 '리틀보이(little boy)'(지금 71센티미터, 길이 3.05
미터, 무게 약 4톤)가 지상 600m 상공에서 폭발하면서 오렌지색 섬광
이 번뜩이고 12km 상공까지 거대한 버섯구름이 피어 올랐습니다.

20세기 인류 역사상 가장 파괴적인 무기가 눈 깜짝할 사이에 최고
30만도에 이르는 불기둥과 폭풍과 함께 방사선이 지상에 쏟아져 내

렸습니다. 반경 13km 이내의 건물이 모두 파괴되어 순식간에 히로시마 도시 60%가 흔적도 없이 무너져 내렸고, 반경 500m 이내에 있던 모든 생명체가 죽었습니다. 이를 지켜보던 미군 조종사 중 한 사람은 "오, 하느님. 우리가 지금 무슨 일을 저질렀습니까?"라고 중얼거렸다고 합니다.

나가사키 원폭 투하의 결과는 무엇이었는가요?

히로시마 사건으로부터 사흘 후인 8월 9일 오전 11시 2분. 두 번째의 원자폭탄 '팻 맨(Fat man)'이 나가사키 교외 우라카미 상공에서 폭발했습니다. 미쓰비시 철강 공장을 포함해 나가사키 도시의 산업시설 중 30%가 잿더미가 되었습니다. 두 개의 원자폭탄에 의한 인명피해 역시 막대했습니다. 당시 히로시마 인구 34만 명 중에 원폭 피해자가 24만 명에 이르렀으며 나가사키도 죽고 다친 사람이 15만 명에 달했다고 합니다.

일본은 왜 항복을 결심했는가요?

원폭에 놀란 일본은 1945년 8월 10일 포츠담선언을 수락한다는 항복 의사를 밝혔습니다. 이렇게 자신의 패전이 명백한 상황에서도 계속해서 전쟁을 해야 한다는 군부 세력의 반발과 천황제도의 존속을 요구하며 항복 결정을 번복하기도 하였습니다. 하지만 어쩔 수 없이 일본은 은밀히 천황에 대한 전쟁 책임을 면제해 달라는 요청을 하였습니다. 1945년 8월 15일 정오, 일본 천황은 라디오 방송을 통해 떨리는 목소리로 일본 전역에 패전과 항복 사실을 알렸습니다.

일본의 패전으로 독도는 어떻게 되었는가요?

일본인들은 원폭의 무시무시한 위력에 경악하면서 태평양전쟁도 막을 내리게 되었습니다. 1945년 9월 2일 미주리호 군함 위에서 일본은 연합국 대표들이 보는 앞에서 "일본은 연합국의 카이로선언을 포함한 포츠담선언을 수락하고 이를 성실하게 이행할 것을 약속하는 항복문서"에 서명하였습니다. 항복문서는 '국제조약'(treaty)으로 법적 효력'을 가지게 되었습니다. 이로써 한반도에 대한 일본의 통치권은 종료되었고, 한국은 일본의 한반도 침략 이전의 상태대로 영토주권을 회복하였습니다. 1904년 러·일전쟁을 계기로 '폭력과 탐욕(violence and greed)'으로 탈취한 독도는 카이로선언 이행을 수락한 항복문서에 의해 한국에 반환해 주어야 할 영토이었습니다.

4. 연합최고사령부가 인정한 독도

맥아더는 천황을 허수아비 군주로 남겨두고 실질적으로 일본을 통치하는 지배자가 되었습니다. 맥아더는 자신의 이름을 붙인 '맥아더 사령부'로 표시하도록 지시하였습니다. 심지어 맥아더는 '천황은 인간'이라는 발언을 이끌어 내며 일본인들 사이에 연합국최고사령부(GHQ) 막부의 '맥아더 쇼군'이라는 별명이 붙을 정도로 인기가 있었습니다.

그림 13 ▮ 맥아더 장군이 일왕과 함께 찍은 사진(1945년 9월)

연합국은 일본 통치를 어떤 방식으로 하였을까요?

연합국은 천황을 비롯한 내각을 해체하지 않고 그들을 통한 간접 통치 방식을 취했습니다. 일본 정부는 맥아더 총사령관의 명령을 따라야 했습니다. 일본에 대한 통치권 행사를 위해 맥아더 사령부 (SCAP)가 스카핀(SCAPIN: Supreme Commander for Allied Powers Instruction Note) 형식으로 지령을 내렸습니다.

맥아더사령부 스카핀 제677호는 어떻게 해서 나왔을까요?

1945년 포츠담선언(8항)은 1943년 카이로선언 조건 이행을 촉구하고, 일본의 영토범위는 "일본의 주요 4개 섬과 연합국이 결정할 여러 작은 섬에 한정된다"고 규정하였습니다. 일본은 1945년 9월 2일 도쿄만 미주리호 선상에서 이 포츠담선언을 연합국과 조인한 항복문서를 통해 수용했습니다.

이를 근거로 맥아더 사령부는 한국의 독도 영유권과 관련하여 중요한 지령을 내립니다. 스카핀(SCAPIN) 제677호로서, 일본 정부는 4개의 주요 도서(홋카이도, 혼슈, 규슈, 시코쿠)와 그에 인접한 약 1,000여 개의 작은 섬을 제외한 다른 지역에 대해 일본 정부의 통치 및 행정권을 행사할 수 없도록 하였습니다. 여기에 한국 영토인 독도가 포함되었습니다.

일본은 맥아더 사령부 지령에 어떻게 반응했을까요?

일본은 "스카핀 제677호에 따라 독도가 일본 통치권에서 벗어나고 있다는 사실은 부인하지 않는다. 하지만 이 지령은 이전에 일본제국이 차지하고 있었던 영토에 대한 잠정적인 영토 분할이다. 연합국이 일본 영토에 대한 최종적인 결정을 한 것은 1952년 대일평화조약에서 이루어졌는데, 독도를 일본령으로 정하였다"고 주장합니다.

일본의 반론은 성립할 수 없는 거짓입니다. 스카핀 제677호(제5조)는 다른 특별한 지령이 없는 한 모든 지령에 적용된다고 하였습니다. 맥아더 사령부는 1952년 대일평화조약이 발효할 때까지 '독도는 한국령'이라고 공표한 스카핀 제677호와 내용을 달리 하는 별도의 다른 지령을 발표한 사실이 없습니다.

한편, 일본 국내법 대장성령 4호(1951. 2. 13. 공포)와 총리부령 24호(1951. 6. 6. 공포)에 "독도는 일본 국내법 적용에서 제외되는 섬"으로 규정하고 있습니다. 이것은 일본 정부가 자국의 국내법으로 '독도가 한국 땅'임을 사실상 묵인하거나 승인한 것으로 평가할 수 있습니다.

스카핀 제677호로 한국의 독도 영유권은 어떻게 확보되었나요?

맥아더 사령부가 내린 스카핀 제677호는 '독도가 한국 땅'이라는 최종적 결정입니다. 이는 스카핀 제677호 발표 후에 제작된 「[SCAP (연합국최고사령관)] 관할 구역, 일본 및 남조선」지도에 'TAKE(독도)'를 한국 영역에 넣고 맥아더사령부(SCAP)관할로 그려져 있는 것에서도 알 수 있습니다.

그림 14 ▌스카핀 제677호와 관련 지도

출처: 외교부

본래 한국의 영역은 미국 태평양육군(AFPAC) 관할이며 미군정청에 의해 통치되었습니다. 맥아더 사령부는 독도를 한국의 영토로 인식했고 스카핀 제677호에 의해 독도에 대한 관할권을 미군정 최고책임자인 존 하지 장군에게 이관하였습니다. 독도는 미군정이 통치하던 시절부터 사실상 한국의 품으로 돌아왔습니다. 1948년 8월 15일 대한민국 정부가 수립되면서 미군정은 합법적으로 이승만 정부에 독도 영토 주권을 넘겨주었습니다.

5. 맥아더라인과 독도상륙 및 접근 금지

일본은 1900년대 초 동력선을 개발하여 원양어업을 발전시켜 세계 여러 지역의 바다에서 무분별하게 어업을 하였습니다. 이에 맥아더 사령부는 제2차 세계대전이 끝나기 전부터 일본의 어족(魚族) 남획 행위에 대해 각별한 문제 의식을 가지고 있었습니다. 맥아더 사령관은 일본 패망이 확인되고 불과 5일(1945. 8. 20) 후에 '일본어선의 전면적 조업을 금지하는 명령'을 내렸습니다. 1946년 6월 22일 맥아더 사령부는 '독도에 일본인 상륙 금지와 독도 인근 수역에서 조업을 금지'하였습니다.

일본의 대외 팽창과 어업 행위의 역사는?

일본 메이지정부는 1871년 이와쿠라 사절단을 보내는 등 서양 근대화를 적극적으로 수용하여 타이완을 침공하여 대외팽창에 나섰습니다. 1875년 운요호 사건을 일으켜 조선과 강화도조약을 체결하면서 조선 근해에 일본 어민들의 진출이 부쩍 늘어나기 시작했습니다. 일본은 1895년 청·일전쟁과 1905년 러·일전쟁에서 승리를 하자 조선 근해에서 일본 어민들의 어획량은 매우 증가하게 되었습니다.

이것은 당시 조선 어민들의 생존권과 국가안보를 동시에 위협하는 것이었지요. 결국 1910년 일본의 강제 병합으로 대한제국이 주권을 상실하게 되자 일본의 어획자원 수탈은 급속도로 심화되었습니다. 1937년에 일본 어획고 총생산이 211만톤이었습니다. 이 기록은 지금까지도 깨지지 않고 있는데요. 일본의 남획(濫獲)으로 조선이 얼마나 심각한 고통을 겪었는지를 보여줍니다.

맥아더라인(MacArthur Line)의 제정 배경과 목적은 무엇인가요?

맥아더라인은 제2차 세계대전 종전 후 연합국이 일본의 군사적 확장을 제한하기 위해 설정한 해상 경계선입니다. 이 라인은 일본 어선의 조업 활동을 제한하고, 일본의 해양 활동에 대한 연합국의 감독과 통제를 가능하게 했습니다. 이는 일본이 군사적 패배 이후 해양 자원을 무분별하게 착취하지 못하도록 방지하고, 평화 유지를 위한 국제사회의 노력을 반영한 조치였습니다.

맥아더사령부는 1946년 6월 22일 '일본의 어업 및 고래잡이(捕鯨業) 승인 지역(Area Authorized for Japanese Fishing and Whaling)'에 관한 지령 즉, 스카핀(SCAPIN: 제1033호 소위 '맥아더라인'이라고 부르는 지령)을 내립니다. 여기에 "일본 선박이나 선원들은 독도에 12마일 이내로 접근하거나 이 섬에 어떠한 접촉도해서는 안 된다. 한국은 스카핀 제1033호 지령을 근거로 당시 독도 영유권이 한국에 있다"고 주장합니다.

일본은 맥아더라인에 대해 어떤 법적 효력을 주장하는가요?

일본은 맥아더라인에 대해 '이 허가는 해당 수역 또는 그 밖의 어떠한 수역에 있어서 국가관할권, 국제적 경계 또는 어업권의 최종적 결정에 관한 연합국의 정책적 표명은 아니다'는 규정(제5조)을 근거로 맥아더라인에 의한 일본인의 독도 상륙 금지와 독도 인근 수역금지 조치는 연합국의 최종적 결정이 아니다. 뿐만 아니라 맥아더라인은 대일평화조약이 발효되기 3일 전(1952. 4. 25.)에 폐지되어 효력을 상실하였다"고 주장합니다.

그러나 일본 주장은 타당하지 않습니다. 연합국최고사령부가 맥아더라인을 발표하고 약 한 달이 지난 1946년 7월 26일 일본 시마네현은 「현령(縣令) 제49호」를 통해 「시마네현어업취체규칙(島根縣漁業取締規則)」에서 일본인의 '독도 및 강치 조업에 관한 항목'을 삭제하였습니다. 이것은 맥아더라인에 의해 일본 시마네현이 독도를 한국령으로 본 것을 묵인 또는 승인한 것으로 볼 수 있습니다.

맥아더라인의 국제법적 효력은 무엇인가요?

맥아더라인은 단순한 행정 명령이 아니라, 연합국이 일본의 전후 질서를 재편하면서 설정한 국제법적 효력을 가진 지침이었습니다. 이는 연합국이 일본의 군사적 재기를 막고, 전쟁 피해국의 권리를 보호하기 위한 노력의 일환이었습니다. 또한, 연합국의 이러한 조치는 전후 일본의 평화 유지를 위해 중요한 역할을 했습니다.

맥아더라인의 설정은 독도의 영유권 문제에도 큰 영향을 미쳤습니다. 이 지령은 독도가 한국의 영토로 인정받는 중요한 근거가 되었으며, 일본의 독도 영유권 주장을 부정하는 역할을 했습니다. 이로 인해 독도는 연합국의 결정에 따라 일본의 통치권에서 제외되었고, 이는 국제법적으로 독도의 영유권이 한국에 있음을 명확히 하는 중요한 증거가 되었습니다.

6. 일본인의 독도에서 총격 사건

1947년 일본 시마네현의 사카이미나토(境港)에 사는 한 일본인이 독도를 자신의 소유라고 주장하면서 한국인에게 총격을 가한 사건이 있었습니다. 총격을 가한 이 일본인은 누구일까요? 일제 강점기 시절 일본은 독도에서 강치조업 허가제를 도입했는데요. 이와 관련된 인물로는 야하타 조시로(八幡長四郎), 이케다고이치(池田幸一) 하시오카 다다시케, 오쿠무라 아키라 등이 있어 이들 중에 한 사람으로 추측됩니다.

한국의 독립 후 독도에 일본 정부의 반응은 어떠했나요?

한국은 1945년 8월 15일 독립을 맞이하였으나 남북이 분단하는 소용돌이에 휘말려 들어갔는데요. 이 때문에 독도에 큰 관심을 둘 여유가 없었습니다. 이러한 상황에서 1946년 1월 29일 맥아더 사령부는 "독도가 한국 땅"임을 선언하는 지령(스카핀(SCAPIN) 제677호)을 내립니다. 그러나 일본 정부는 맥아더 사령부의 한국 땅 독도 정책에 대해 곧바로 반기(反旗)를 들었습니다.

1947년 일본은 태평양전쟁 패전(敗戰) 충격으로부터 조금씩 벗어나기 시작하면서 "일본 시마네현 사카이미나토에 사는 일본인들 중에는 독도가 일본 섬이니 한국인들은 독도에서 조업을 하지 말라, 독도는 일본 땅"이라는 악의적 여론을 조성하기 시작했습니다.

독도 총격 사건은 맥아더 사령부의 명령을 위반한 것인가요?

1947년 당시 일본 천황 및 일본 정부의 국가 통치권한은 맥아더 사령부에 종속되었고 일본 정부는 맥아더 최고사령관이 명령하는 모든 조치에 따라야 했습니다. 따라서 1947년 일본인이 독도에 상륙한 행위는 맥아더 사령관의 명령을 위반한 불법행위이었습니다. 총격을 가한 그 일본인이 누구이든지 간에 한국 영토인 독도에서 반인도적 불법행위는 국제사회에서 용납할 수 없는 것입니다.

독도 총격 사건에 대한 한국인과 언론 반응은 어떠하였나요?

일본의 독도 침탈에 대해 격분한 울릉도 주민들은 일본인들의 행위를 저지해 달라는 진정서를 미군정 당국에 접수하였습니다. 독도에서 총격 사건이 발생하고 이 사실이 알려지게 되자 독도 문제는 전국적 관심사로 떠올랐습니다. 이 소식을 접한 언론은 '왜적일인(倭賊日人)의 얼빠진 수작, 강도 일본이 이 나라의 정세가 혼란한 틈을 타서 조국의 섬을 삼키려고 독니를 갈고 있다'(대구시보(大邱時報), 1947. 6. 20)), '판도에 야욕의 촉수 못 버리는 침략성, 울릉도 근해 독도 문제 재연'(동아일보, (1947. 7. 23)) '일본인이 상륙 점거한 독도도 지리적 · 역사적으로 보아 당연히 우리 국토의 일부임에 틀림이 없다'(한성일보, (1947. 8. 13))라고 보도하였습니다.

1947년 독도에서 총격 사건을 보면서 불과 2년 전에 해방을 맞은 한국인들은 '일본이 다시 한국을 재침략하는 것은 아닌가?'하고 우려할 수밖에 없었습니다. 지난 36년간 일제 식민지 억압통치의 아픔을 가지고 있었던 한국인들은 격앙된 감정을 표출했습니다. 한국인들은 일본인의 총격사건을 통한 독도침탈은 어족자원적 측면에서 뿐만 아니라 안보적으로도 커다란 위협이 된다고 느꼈습니다. 독도는 1948년 대한민국 정부가 공식적으로 수립하여 미군정으로부터 독도 관할권을 인수받기 이전부터 한국의 고유영토였습니다.

7. 과도정부 학술조사대의 독도 조사

　미군정 남조선 과도정부 시절 안재홍 민정장관은 38도선 이남 지역의 행정책임자이었습니다. 그는 역사학자이자 언론인으로서 1947년 독도 총격사건을 통해 장차 독도문제가 한일외교에 심각한 갈등 현안으로 등장할 것을 예상하였습니다. 당시 나라 정국이 열악한 상황에 처해 있음에도 불구하고 안재홍 장관의 주도로 정부 관료와 민간학자로 구성된 학술조사대를 독도에 파견한 결과, 중요한 의미를 지니는 큰 성과를 거두었습니다.

그림 15 ▮ 울릉도학술조사대(1947.8.16.)

울릉도 · 독도 학술조사대는 어떻게 구성되었나요?

안재홍 장관이 주도한 과도정부 공식사업으로 '울릉도 · 독도 학술조사대'가 만들어졌습니다. 학술조사대는 대장에 조선산악회장 민속학자 송석하, 부대장에 언론인 홍종인, 국어학자 방종현, 고고학자 김원용, 한학자 임창순, 곤충학자 석주명, 식물학자 이영로 등 당대의 최고 민간 전문가들이 참여했습니다. 여기에 남조선 과도정부에서 파견한 신석호 국사관 관장, 추인봉 외무처 일본과장 외 기술사 공무원 4명과 경상북도와 경찰 직원들이 추가로 합류하여 학술조사대는 약 80여 명으로 구성되었습니다.

그림 16 ▐ 울릉도학술조사대: 독도 동도의 몽돌해변(1947년 8월, 소장: 한국학중
앙연구원)

울릉도 · 독도 학술조사대의 활동은 무엇이었나요?

1947년 8월 18일 학술조사대는 해안경비대 소속의 경비정 대전호
를 타고 울릉도 도동항에 도착하였습니다. 최고의 민간 전문가들과
정부 관료들로 구성된 대규모 학술조사대는 울릉도에서 강연회와 환
담회를 가진 후 다음 날 새벽 아침 독도를 향해 출발하였습니다.
1947년 8월 20일 독도에 도착한 학술조사대는 타고 온 대전호를 독
도에 정박시키고 동도(東島)해변에 도착하였습니다.

그림 17 ┃ 조사대가 독도에 설치한 표목(1947년 8월, 소장: 한국학중앙연구원)

　조사대원들은 독도 동도(東島)에서 동·식물 표본 채집, 목측(目測)에 의한 측량, 섬의 지형 파악, 사진 촬영을 하였고, 독도 서도(西島) 주변 가제바위에 무리를 지어 살고 있는 강치(바다사자) 새끼 세 마리를 잡았습니다. 「조선 울릉도 남면 독도(朝鮮 鬱陵島 南面 獨島)」, 「울릉도 독도 학술조사대 기념(鬱陵島 獨島 學術調査隊 紀念)」이라고 한자(漢字)로 쓴 두 개의 영토 표목을 세웠습니다. 이것은 1945년 해방 이후 독도가 한국 영토임을 표시한 최초의 시설물이었습니다. 이렇게 영토 표목을 세운 것은 미군정 하의 남조선 과도정부가 독도영유권이 한국에게 있음을 대외적으로 표시한 증표인 것입니다.

울릉도·독도 학술조사대의 성과와 의미는 무엇인가요?

　학술조사대의 활동은 한국의 독도에 대한 인식과 이해를 형성하고 독도 영유권 학술 연구에 초석을 놓았습니다. 신석호 국사관 관장은 울릉군청에서 '심흥택 보고서 부본(副本)'을 발견하였고, 추인봉 외교부 일본과장은 홍재현 옹(독도의용수비대 홍순칠 대장의 할아버지)을 만나 울릉도와 독도의 역사적 사실에 대한 증언을 들었고, 방종현 국어학자는 독도의 다른 명칭인 '석도(石島)'(고종칙령 제41호)문제를 방언을 통한 논리적 연관성 연구 결과를 내놓을 수 있었습니다.

1947년 당시 학술조사대의 열정적 활동이 1952년 이승만 대통령 평화선 선포를 시작으로 독도 문제가 발생하였을 때 한국 정부가 일본 측의 독도 영유권 주장 논리를 체계적으로 반박할 수 있는 외교정책 수립에 지대한 공헌을 한 것이었습니다.

울릉도 · 독도 조사 결과는 어떻게 홍보되었나요?

서울로 돌아온 학술조사대는 울릉도 독도에서 조사한 결과를 전 국민들에게 알리는 홍보활동에 들어갔습니다. 언론인 홍종인은 안재홍 민정장관이 사장으로 있는 한성일보에 「울릉도 학술조사대 보고기」를 연재하였고, 학술 조사에 참가한 전문가 방종현 · 김원용 · 석주명 등은 국립과학박물관에서 강연회를 개최하였습니다. 서울 동화백화점을 비롯해 부산과 대구에서 울릉도 · 독도 사진, 동식물 광물 표본, 고고학 민속자료 등의 전람회를 개최하여 전국적으로 '독도가 한국 땅'이라는 사실을 알리는 데 앞장섰습니다.

일본은 패망 후에도 독도를 차지하려는 움직임을 멈추지 않았습니다. 대한민국이 아직 주권을 완전히 회복하지 않은 시기에, 안재홍 민정장관이 정부 차원의 학술조사단을 조직하지 않았다면 독도는 어떻게 되었을까요? 동해를 건너 울릉도와 독도에 도착한 학술조사대의 헌신적인 노력과 연구가 없었다면 독도의 영유권 주장이 약화되었을 것입니다.

8. 과도정부 미군의 독도 폭격 사건

1948년 6월 8일 독도에 폭격 사건이 있었습니다. 이 사건을 특종으로 보도한 사람은 윤두종 기자라고 합니다. 그는 "8일 오전 11시 반경 울릉도 동방 39해리(독도)에 국적불명(國籍不明) 비행기 여러 대가 출현하여 폭탄을 투하한 후 기관총 소사까지 행하고 사라졌다. 그곳에 고기잡이와 미역을 따러 갔던 울릉도와 강원도의 20여 척 어선이 파괴되고 어부 16명이 그 자리에서 사망하고 10명이 중상을 입었다. 이 급보를 받은 울릉도 당국에서는 구조선 2척을 9일 저녁 현장에 급파했다"라고 보도하였습니다.

독도 폭격 사건의 주체는 누구였나요?

독도 폭격사건 초기에는 어느 나라 비행기인지 밝혀지지 않아 괴상한 비행기라는 식으로 보도되었습니다. 하지만 나중에 일본 오키나와 가데나 공군기지를 출발한 미극동 공군사령부 제93포격 대대 소속으로 밝혀지게 되었습니다. 주일 미공군 B-29기 편대 21기는 폭격연습지로 지정된 독도에 1,000파운드(약 45KG) AN-M-65 범용 폭탄 76발을 떨어뜨렸습니다. 그 바람에 독도 인근에서 조업을 하던 한국 어민이 사망하거나 다친 비극적 사건이 일어났습니다. 평화 시에 수많은 인명을 살상한 이 사건은 당시 국민들에게 엄청난 충격을 안겨주었습니다.

폭격 사건의 여파와 반응은 어떠하였는가요?

1948년 독도 폭격사건은 한국인들이 독도에 대한 관심을 크게 고조시키는 계기가 되었습니다. 1947년 독도학술조사대에 참석했던 언론인 홍종인은 "내 민족을 사랑한다는 정신은 국토를 사랑한다는 정신을 떠나서 있을 수 없다. 무자비한 외국 비행기의 폭격으로 평화로이 작업하던 수십 명 동포의 파괴된 어선과 시체는 낭자하고 동포의 피로 물들었을 광경을 생각할 때 우리는 가슴에 억제하기 어려운 비분을 느끼게 한다"고 하였습니다. 독도 폭격사건은 미국 언론에도 보도되었는데 '조선(朝鮮) 전래(傳來)의 어장(漁場) 독도에서 한국 어민들이 미(美) 공군 폭격으로 희생되었다'고 하였습니다.

남조선 과도정부는 독도 폭격행위에 대한 진상 규명과 손해배상 조치를 강력하게 요구하였습니다. 대한민국 정부가 아직 수립되기 이전이지만, 당시 제헌 국회는 이 문제를 긴급동의로 본 회의에서 다루었습니다. 1948년 6월 16일 한독당 김구(金九) 위원장은 특별담화를 통해 "미군 비행기의 소행으로 여겨지는데 책임 당국은 하루 바삐 사건의 진상을 발표하는 동시에 당사자에 대한 엄정한 처단이 있기를 바란다"고 하였습니다. 한국의 악화된 여론을 반영하여 미국 극동항공대 사령부는 1948년 6월 17일 "오키나와 주둔 미 전투기 B-29편대 승무원들은 독도에 조업하고 있던 어선들을 보지 못해 행한 우발적 사건"이라는 조사 결과를 발표하였습니다.

독도 폭격 생존자들의 증언에 미국은 어떻게 반응했는가요?

1948년 당시 폭격 사건의 생존자 김도암, 공두업, 장학상 등은 "태극기를 흔들어 목메어 소리쳤지만 야속한 비행기는 아랑곳하지 않고 계속 총을 쏘아댔다. 난데없이 비행기가 날아와 바다 위로 기관총을 난사했다. 갈매기들이 총에 맞아 무수하게 날렸고, 바다는 핏물로 변했다. 폭격은 서도 물골 근처에서 시작되어 동도로 융단폭격이 이어졌으며, 12대의 폭격기가 2개의 편대로 나뉘어져 폭격을 했다"고 증언하여 우발적 사고가 아니라고 주장하였습니다.

미(美)극동공군사령부는 오키나와 주둔 B-29기 폭격기가 독도를 폭격한 사실은 인정했습니다만, 기총 소사는 생존 어민들이 착각했다며 강력하게 부인했습니다. 이와 같이 미국은 실수로 독도를 폭격했다고 주장하고 있지만 이것은 사실과 다릅니다. 1948년 폭격 사건이 발생하기 1년 전인 1947년 9월 16일 주일 연합국 최고사령부가 스카핀(SCAPIN) 제1778호를 공포했는데, 독도를 주일 미군 독도폭격 연습장으로 지정했기 때문입니다.

연합국최고사령부 스카핀 제1778호의 문제점은 무엇이었나요?

1947년 독도 폭격연습에 대한 연합국지령 스카핀 제1778호 문제점은 "일본 어민에 대한 폭격을 사전에 통보하도록 규정만 하고 있을 뿐, 한국 어민에 대한 사전 통보는 전혀 언급이 없었다"는 것입니다. 한국 어민들은 이러한 사실을 알지 못하고 독도에서 조업을 하다가 화를 입은 것입니다. 1948년 6월 20일 미군은 공식 사과와 함께 독도에 대한 폭격 연습을 일체 중지하겠다고 발표하였습니다. 이러한 사실은 독도영유권이 한국에 있었음을 나타내는 것임과 동시에 남조선 과도정부로서 한국 정부가 독도에 대한 대외적으로 주권행사를 한 것 입니다.

주한 미군 하지(Hodge) 중장의 명령은 무엇이었나요?

하지 중장은 독도 폭격 사건 희생자들의 소청에 따른 조사와 손해 배상 처리를 명령했습니다. "경북 포항에 임시본부를 설립하여 인적 물적 피해 조사를 위해 독도 폭격현장을 방문, 조사를 실시하였고, 당 시 36건 소청 손해배상 청구 금액은 7,247만 8,000원이었는데, 지불 된 금액은 910만 8,680원이었다"고 합니다.

그러나 당시 언론은 "독도 폭격 사건 피해 배상액이 총 631만 원으 로 소청위원단 배상금액 910만 원과는 약 279만 원의 차이가 있고, 소청 요구 금액 7,247만 원의 약 25%에 불과했다"고 보도하는 등 배 상금 지불에 차이가 있었습니다.

폭격 사건 이후의 독도 행정 관리는 어떻게 되었나요?

1948년 독도 폭격사건은 독도에 대한 한국인들의 관심을 극도로 고조시켜 전국 각지에서는 피해자를 돕기 위한 위문품이 줄을 이었다 고 합니다. 1948년 독도폭격 사건을 계기로 대한민국 정부가 수립된 이후 독도에 대한 행정 관할지역을 '경상북도 울릉군 남면 도동 1번 지'로 하였습니다. 1950년 6월 8일 독도에서 '조난어민위령비' 제막식 을 거행하였습니다. 정부기관인 재무부, 공보처가 참석한 가운데 당 시 조재천 경상북도 도지사가 미군기 폭격으로 피해를 입은 한국 어 민들을 위한 제문을 낭독하여 그들의 영혼을 위로했습니다.

그림 18 ▮ 조난어민위령비(1950년 6월 8일)

9. 주일미군 독도폭격 연습장과 숨은 전략

1952년 1월 이승만 대통령의 해양주권 선언은 "독도는 한국 영토"라고 전 세계에 선포한 가장 명확한 국가주권 행사라고 할 수 있습니다. 독도 영유권에 대한 치명적 타격을 입은 일본은 곧바로 미국의 힘을 이용한 반격 전략을 세웠습니다.

평화선에 대한 일본의 반격 전략은 무엇이었나요?

일본은 "1951년 7월 연합국최고사령부는 스카핀(SCAPIN) 제2160호로 독도를 주일 미군의 폭격 훈련구역으로 지정하였다. 독도는 1952

년 주일미군의 폭격훈련 구역으로 지정되었으며, 일본 영토로 취급되었음은 분명하다"라고 주장합니다. 그러나 여기에는 일본이 한국의 평화선에 대한 맞불 작전으로 인위적으로 독도 영유권의 근거를 마련하기 위한 술책이 숨어 있었습니다.

1951년 2월 6일에 열린 제10회 일본 중의원 외무위원회의 질의응답에서 알 수 있습니다. 야마모토 도시나가(山本利壽) 의원은 "독도에 대해 '특수한 수단'을 강구해야 합니다"라고 발언을 하자, 시마즈 하시나가(島津久大) 외무성 국장은 "종래부터 충분히 연구, 거듭하여 충분히 경청해 연구하겠지만, 어떻게 손을 쓰는지는 양해바랍니다"라고 답변을 했습니다.

일본 국회의원과 외무성의 대화는 무엇을 의미하나요?

국회의원과 외무국장 사이에 나오는 '특수한 수단의 강구, 어떻게 손을 쓰는지'의 정체는 독도를 주일 미군의 폭격연습장으로 지정하는 전략이었습니다. 이것은 1952년 5월 23일에 열린 제13회 중의원 외무위원회에서 질의 응답을 통해 알 수 있습니다. 야마모토 도시나가(山本利壽) 의원이 "독도를 일본 주둔군의 폭격연습지로 지정하는 것에 의해 일본의 영토권을 확보한다는 정치적 의미를 내포하고 있다고 생각하는데, 그렇습니까?"라고 발언을 하자, 이시하라 간이치로(石原幹市郞) 외무차관은 "그런 말(說)과 같은 선에서 진행하고 있습니다"라고 답변을 했습니다.

이것은 일본 외무성이 당시 독도를 주일미군의 폭격연습장으로 지정되면 독도가 일본영토로 인정받기 쉽다는 발상에서 이를 추진하고 있다는 것을 인정한 것입니다. 1953년 3월 5일 제15회 참의원 외무·

법무위원회 연합심사위에서 시모다 다케조(下田武三) 외무성 조약국장은 "폭격연습장 지정조치는 독도가 일본이 영유하고 있는 섬이라는 사실을 명확하게 법률적으로 뒷받침하는 근거를 마련하기 위한 것"이라고 시인한 것에서도 알 수 있습니다.

폭격연습장 지정이 독도 영유권에 어떤 영향을 미쳤나요?

일본은 폭격연습장 지정으로 자국의 독도 영유권의 논리를 강화시키고자 하였습니다. 1952년 2월 28일 체결된 「미일행정협정」에 따라 구성된 미일합동위원회에서 독도를 주일미군의 폭격연습장으로 지정한다는 것은 독도가 일본령임을 전제로 일본이 주권행사를 한 것이 됩니다. 미일행정협정은 '일본 국내시설 및 구역을 미군에 제공하는 것을 협의'하도록 하고 있으므로, 미군에 제공되는 구역은 당연히 일본 정부의 소유라는 전제가 성립하기 때문입니다. 독도가 주일 미군의 해상폭격연습장의 군용구역으로 제공되었다는 사실은 미국 역시 독도를 일본 영토로 인식하고 취급하였다는 정황증거를 만들기 위한 것이지요.

1948년 독도 폭격 사건 이후 일본의 전략은 무엇이었나요?

1948년 미공군 독도 폭격 사건으로 인해 한국이 독도 폭격연습장 지정에 대해 외교적으로 매우 민감하게 대응할 것을 잘 알고 있는 상황입니다. 그럼에도 불구하고 일본은 1952년 주일미군 폭격연습장으로 재지정한 이유는 무엇일까요? 일본은 대일평화조약을 통해 "독도를 일본영토"로 인정받고자 하였으나 실패하였습니다.

설상가상으로 1952년 1월 18일 독도가 한국 영토로 명시된 이승만 대통령의 평화선이 선포되자 일본은 독도 영유권의 법적 근거가 부족하다고 느끼고 추가적인 국제법적 근거를 만들 필요가 있었습니다. 그래서 일본 정부는 폭격 연습지의 필요를 느끼고 있던 주일 미군을 부추긴 것이지요. 일본이 미군에게 독도를 폭격연습장으로 사용할 수 있도록 해 주는 형식을 통해 독도가 일본 영토임을 보여주는 유력한 법적 근거가 된다는 판단에서 꾸며 낸 것입니다.

일본은 대일평화조약 체결 과정에서 "미국이 독도를 일본령으로 보았다"는 점의 연장선상에서 계속해서 독도를 일본령으로 취급하였다는 정황을 만들고자 한 것입니다. 당시 한국은 북한과 중국을 상대로 전쟁을 하고 있었고, 한국 외무부는 "불이 난 집에서 도둑질을 하듯이 독도를 빼앗기 위한 공작을 펼치고 있다"고 말하였습니다.

10. 한국산악회와 독도 폭격 사건

1952년 9월 미 공군은 세 차례에 걸쳐 독도에 폭격을 가했습니다. 울릉도 주민들 사이에서는 "독도에 무장공비나 마약수송선이 있다는 잘못된 정보를 미국에 전해 준 일본 측의 농간이 있었기 때문이다"라는 이야기가 전해지고 있습니다. 1952년 7월 한국산악회는 당시 학계와 문화계의 최고 권위자들로 구성된 '울릉도·독도학술조사단'(단장: 홍종인 조선일보 주필, 부단장 이숭녕 서울대 교수)을 결성하였습니다.

그림 19 ▎ 울릉도독도학술조사단: 울릉군청(1952년 9월)

한국산악회는 울릉도에 도착한 후 어떤 소식을 접하였나요?

1952년 9월 17일 조사단은 이승만 대통령으로부터 특별배급을 받은 석탄을 실은 진남호(부산해사국 등대순항선 305톤)를 타고 부산 어시장 부두를 출발했습니다. 울릉도에 조사단이 도착한 후 울릉도 주민들로부터 "조사단이 도착하기 바로 이틀 전인 9월 15일, 오전 11시경, 광영호(울릉통조림공장 소속)가 해녀 14명과 선원 등 모두 23명을 태우고 소라와 전복을 따고 있던 중, 1대의 단발 비행기가 나타나서 독도 주변을 돌면서 4발의 폭탄을 던졌는데, 이들이 곧바로 대피하자 비행기는 일본 방면으로 날아갔다"는 소식을 듣게 됩니다.

한국산악회는 중앙정부에 어떠한 조치를 하였는가요?

학술조사단 단장은 당시 조선일보 주필 홍종인이었습니다. 그는 언론인으로서 독도에서 일어난 폭격 사건이 심상치 않다고 생각하고 이 사건의 전말을 자세하게 취재하였습니다. 그리고 서울에 있는 상공부 장관에게 "미군기로 보이는 비행기가 독도의 서도에 폭탄 4발을 투하했다. 1952년 4월 25일 울릉도 주민들의 요청으로 한국 공군이 미군 제5공군에게 독도 폭격중단을 요청하자, 약 10여일이 지난 5월 4일에 미군 제5 공군은 독도는 폭격연습장이 아니라고 회답한 사실이 있다"는 것을 울릉도에서 전보(電報)로 통지했습니다.

학술조사단으로부터 이러한 사실을 보고 받은 상공부 장관은 1952년 9월 21일 "독도가 폭격연습지로 지정되어 있지 않은 것을 미군 제5공군에 의하여 확인되었다"고 발표합니다. 울릉도에서 머물던 조사단은 '독도가 폭격연습장이 아니다'라는 한국 정부의 공식 발표를 듣고 독도 폭격사건에 대해 극도로 흥분한 감정이 다소 누그러지자, 학술조사를 위해 9월 22일 독도를 향해 다시 출발하였습니다.

한국산악회는 독도에서 조사 활동을 계속하였는가요?

당시 언론은 "학술조사단이 당일 오전 11시경 독도까지 약 2km 접근하였으나 2시간 이상 계속해서 해상에 폭탄을 투하하여 독도에 상륙하지 못하고 부득이 울릉도로 되돌아 왔다. 비행기는 암녹색의 쌍발기이고 처음에 3 ~ 4기가 약 1천미터의 고도에서 독도를 향하여 연속 폭격하였다. 독도에 맞으면 큰 불꽃이 튀었고, 바다에 떨어지면 큰 물기둥이 솟았다"고 보도하였습니다.

독도 폭격을 직접 목격한 학술조사단은 그대로 독도 상륙을 포기했을까요? 그렇지 않습니다. 9월 24일 조사단은 '독도가 한국 땅'임을 표시하기 위한 영토표석(獨島)(LIANCOURT, 15th AUG,1952')을 설치하기 위해 또 다시 독도를 향해 출발했습니다. 이번에도 주일 미공군기의 쌍발기가 독도에 날아와서 폭격연습을 하고 있었습니다. 학술조사단이 탄 진남호가 멈추면 폭격이 중단되고, 독도 쪽으로 전진하면 다시 심하게 폭격을 하였습니다. 이렇게 미 공군기로부터 떨어지는 약 10발의 폭탄 투하에도 불구하고 학술조사단은 독도에 약 1km 지점까지 접근하였습니다. 하지만 결국 상륙하지 못하여 준비했던 '한국령(韓國領)' 영토 표석도 설치할 수 없었습니다.

한국산악회의 홍보 활동은 무엇이었나요?

한국산악회는 전 국민에게 독도가 한국 땅이라는 인식을 심어주는 데 큰 역할을 하게 되었습니다. 학술조사단은 부산에 도착하여 1952년 10월 9일 보고 강연회를 개최하는 등 대국민 홍보에 앞장을 섰습니다. 1952년 독도 폭격 사건을 연일 언론에서 대서특필하자 1948년 독도폭격 사건의 아픈 기억을 생생하게 기억하고 있던 우리 국민들은 격분하였습니다. 이렇게 악화된 여론에 한국 정부는 진상을 조사하겠다는 담화를 발표하는 등 사회적 파장이 만만치 않았습니다.

한국 정부의 대응과 미국의 약속은 무엇을 의미했나요?

한국 외무부는 1952년 11월 10일 주한 미대사관에 '독도는 한국 영토이며, 독도 폭격 사건의 재발하지 않도록 정식으로 항의를 하였습니다. 그러자 1952년 12월 24일 미 극동군 사령부 토마스 헤렌(Thomas W. Herren) 장군이 "최고사령부가 독도를 폭격연습장으로 사용하는 것을 중지하는 데 필요한 행동을 취하도록 모든 지휘관들에게 명령을 내려 이를 알려드리게 되어 본인은 기쁘게 생각한다"고 통보해 왔습니다.

이것은 앞으로 독도에서 미군이 더 이상 폭격 연습을 하지 않겠다는 약속이었습니다. 일본 정부가 주일 미군의 독도폭격 연습장 지정을 통해 '독도가 일본 땅'이라는 국제법적 논리를 강화하고자 했던 숨겨진 의도를 분쇄한 것이었습니다. 우리는 나라가 어려운 시기임에도 한국산악회의 독도조사단이 일본의 의도를 무산시키는데 커다란 역할을 한 것입니다.

11. 독도 폭격과 훈련연습장 해제

1952년 9월 한국 정부가 파견한 한국산악회「울릉도·독도 학술조사단」의 독도 조사 당시 세 차례 독도 폭격 사건은 한국 사회에 엄청난 파장을 일으켰습니다. 당시 이승만 대통령은 손원일 해군 참모총장에게 "평화선을 침범하는 일본 배는 모조리 나포하라"고 지시하였습니다. 한국의 조치에 대응하여 일본 해상보안청은 80여 척의 어선·순시선을 동해로 대거 출동시켰고, 한국도 경비정을 동해로 급파하여 첨예하게 대치했습니다.

일본 시마네현 지사는 왜 독도 폭격 연습장 해제를 요청했나요?

1951년 연합국최고사령부 지령 스카핀(SCAPIN) 제2160에 의해 독도가 주일미군 폭격 연습장으로 지정되어 일본 시마네현 주민들은 독도를 이용하여 수산 자원을 확보할 수 없었습니다. 이에 1952년 5월 20일 일본 시마네현 지사는 '독도폭격 연습장 해제를 부탁하는 진정서'를 중앙 정부 외무와 농림 대신(大臣)에게 제출했습니다. 그 내용은 "어민들이 독도에서 강치 어업 및 전복, 미역 등을 채취하기 위해 대기하고 있습니다. 그런데 독도를 계속해서 주일미군의 폭격연습지로 예정하고 있다는 것을 풍문으로 들었습니다. 그래서 시마네현 어민들은 독도를 폭격연습지로부터 제외시키거나 혹은 그것이 불가능한 경우 강치가 독도에서 회유하는 7개월(4월 ~ 10월)간 만이라도 폭격을 중지하게 해주었으면 한다"는 것이었습니다.

독도 폭격 연습장 해제는 어떻게 이루어졌나요?

일본 주장과 같이 독도 폭격훈련 연습장 해제가 시마네현 지사의 요청을 받아들인 결과일까요? 그렇지 않습니다. 1952년 11월 10일 한국 외무부는 부산 주재 미대사관에 "대한민국 영토의 일부인 독도에 폭격을 가하는 불상사가 재발하지 않도록 필요한 조치를 다 해달라"고 강력하게 항의하였습니다. 그러자 앨런 라이트너(Allan Ligtner) 참사관은 유엔(UN)군 사령관 클라크(Mark Wayne Clark) 장군에게 이 항의 서한을 보내면서 폭격 중단을 요청하였습니다.

이에 미 국무부와 주한 미대사관, 주일 미대사관, 유엔군 사령부 사이에서 신속하게 이 문제에 대한 의견 조정이 이루어졌습니다. 그 결과 미 국무부는 같은 해 11월 26일 주한 미대사관에 전문을 보내 "독도 폭격사건은 이미 오래된 일이어서 조사가 불가능하고, 독도에 대한 폭격은 중단할 예정이며, 독도 영유권에 대한 미 정부의 해석은 딘 러스크 차관보가 양유찬 대사에 보냈던 1951년 8월 10일자 서한에 언급되어 있다"는 지령을 내렸습니다.

미국은 독도 폭격 중단 결정을 어떻게 통보했나요?

클라크 유엔군 사령관은 1952년 11월 27일 독도 폭격 훈련연습 중지를 위한 준비 작업을 하고 있다고 주한 미대사관에 통고했습니다. 극동군사령부는 1952년 12월 18일자로 독도에 대한 폭격장 사용을 중단하기로 결정하였습니다. 그리고 1953년 1월 주한 미대사관이 한국 정부에 독도 폭격 중단 사실을 알려왔습니다. 따라서 1953년 주일 미군의 독도 폭격훈련 연습장 사용을 중단하기로 결정한 것은 일본 시마네현 어민의 진정을 받아들인 것이 아닙니다. 한국 정부의 독도 폭격 연습장 사용 불가라는 강력한 항의에 따른 것이었습니다.

한국 정부의 항의는 어떤 결과를 가져왔나요?

1953년 3월 19일 제45차 미일합동위원회 회의에서 독도를 주일미군이 사용하는 해상 폭격훈련 연습장 명단에서 삭제하도록 결정했고, 1953년 5월 14일 일본 외무성이 공시(고시 제28호)했습니다. 미국이 일본이 아닌 한국 정부에 먼저 독도 폭격 연습을 중단하겠다고 통보한 사실에 대해 일본 정부는 크게 당황하였습니다. 1953년 3월 5일 일본은 주일 미대사관을 찾아가서 '왜 일본과 상의 없이 주일미군 폭격연습장 사용을 중단하였는가? 게다가 그것을 왜 한국에 먼저 통보했는가?'라고 거세게 항의하였고, 1953년 11월 중의원 외무위원회에서 가와카미 간이치(川上貫一) 국회의원이 "이런 사실이 어떻게 한국에 먼저 통보되어야 하는 것인가?"라고 질타하였다고 합니다.

1952년 주일 미군의 독도 폭격사건에 대해 한국 정부가 곧바로 미국에 항의를 하였고, 미국으로부터 직접 폭격연습장 사용 중단을 통보받은 사실은 매우 적절한 조치이었습니다. 만약 한국이 주일 미군이 독도폭격 연습장을 사용하고 있다는 사실을 알면서도 장기간 묵인하였다면 독도가 일본령으로 되는 근거를 마련해 주는 빌미를 줄 수 있었기 때문입니다. 그동안 일본 외무성이 주일 미군을 활용해서 일본의 독도 영유권 근거를 강화하기 위한 책략이 한국 정부의 적극적인 항의에 의해 무너지고 말았던 것입니다.

12. 대일평화조약의 영토처리 목표와 독도

미국이 태평양전쟁에서 승리를 했지만 엄청난 인적·물적 피해를 입었고, 일본의 야만적이고 잔인한 전쟁관에 대한 비난 여론이 높았습니다. 이러한 분위기 탓에 미국은 일본이 이웃 나라에 더 이상 위협적인 나라가 되지 않도록 만드는 것이 궁극적 목표가 되었습니다.

일본에 대한 평화조약은 어떻게 논의되었나요?

국제사회에서 국가 간에 무력 분쟁이 종료되고 난 이후에 전승국과 패전국 사이에 평화의 회복, 영토처리 및 배상책임 등을 규정한 평화조약(강화조약)이라는 국제법적 효력을 가지는 법률문서를 작성합니다. 이 목표를 국제법적으로 뒷받침하기 위해 제2차 세계대전 이후 간접통치를 하고 있었던 미국은 국무부에 조직을 구성하여 평화조약을 검토하기 시작했습니다.

미 국방부와 국무부의 입장은 무엇이었나요?

미국 내에서 일본과 평화조약을 언제 체결하는 것이 좋은가에 대한 논쟁이 벌어졌습니다. 미 국방부는 '일본의 군사적 무장을 완전히 해제하여 근본적으로 일본이 전쟁을 치룰 수 없는 국가로 변화시키기 위해서는 적어도 25년 이상 점령을 해야 한다. 따라서 평화조약 체결은 장기간 미뤄야한다'는 입장이었습니다. 이와 반대로 미 국무부는 "하루 빨리 평화조약을 체결하여 군사점령을 종식시켜야 한다"는 입장이었습니다.

이때 연합국최고사령부 맥아더 총사령관은 "군사점령이 장기화되면 군대가 이완되고 부패하기 마련이다. 역사적으로도 장기 점령이 성공한 예(例)가 없다. 따라서 조기에 평화조약을 체결해야 한다"고 주장하여 국무부의 입장을 지지했습니다. 이에 1946년 8월 국무부와 국방부(전쟁부)가 합동으로 구성한 대일(對日)조약작업단이 출범하였습니다.

미 대일조약작업단의 주요 관심사는 무엇이었나요?

작업단은 평화조약 초안을 만드는 과정에서 가장 핵심적인 일은 일본의 영토를 어떻게 처리하는가의 문제이었습니다. 일본의 영토 범위 기본 지침은 연합국 '카이로선언'과 '포츠담선언'의 영토 관련 조항이 바탕이 되었습니다. 이에 따라 작업단은 1868년 일본 메이지 정부가 출범하여 1945년 태평양전쟁에서 패전하기까지 일본이 폭력과 탐욕으로 광범위하게 취득한 일본의 지배 영역을 어디까지 인정할 것인가?를 두고 초미의 관심사로 대두하였습니다. 이에 중국 소련 등을 비롯해 한국이 민감한 반응을 보였습니다.

그림 20 Ⅰ 1950년 〈연합국의 구 일본 영토 처리에 관한 합의서〉

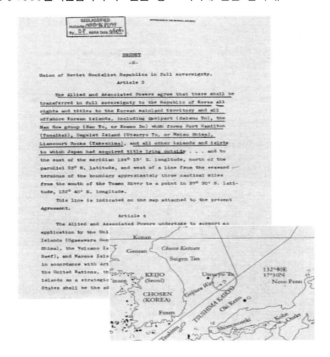

미 '대일조약작업단'의 조약 초안 어떻게 규정되었나요?

1947년 1월, 이 초안은 "일본의 영토적 범위는 1894년 1월 1일에 존재했던 것으로 한다. 이것은 1894년 청일전쟁에서 일본이 빼앗은 영토를 반환해 주어야 하는 것을 다른 지역에까지 확대 적용한 것입니다. 이에 따라 일본은 중국의 타이완(대만), 펑호도 등을 반환해 주어야 했습니다. 한국의 영토에 대해서는 '일본은 한국(Korea)과 제주도, 거문도, 울릉도, 독도를 포함한 한국 근해의 모든 섬들에 대한 권리와 권원을 포기한다'라고 규정하였습니다. 이것은 일본이 1894년 이후 '폭력과 탐욕'으로 탈취한 한반도와 독도를 반환해 주어야 할 영토라는 것을 문서로 명확하게 확인해 주는 것입니다.

미 '대일조약작업단'의 조약 초안은 어떤 의미가 있을까요?

이 초안은 독도가 한국 영토라는 것을 입증해주는 최초의 미국 문서입니다. 이 문서를 작성한 로버트 피어리는 주일대사를 지낸 조셉 그루의 개인 비서로서 존 포스터 덜레스가 선발한 보좌인이었습니다. 로버트 피어리가 '독도를 한국 땅'으로 규정한 것으로부터 당시 미 국무부는 '독도는 한국령'이라는 명확한 인식을 가지고 있었다는 사실을 확인할 수 있습니다.

한편, 1947년 3월 17일 맥아더 총사령관은 극동위원회 등에서 일본과 평화조약을 조기에 채결하자고 제안하였습니다. 그러나 소련과 중국 등이 강력하게 반발하여 미국의 대일평화조약 추진에 제동이 걸렸습니다. 그럼에도 불구하고 1947년 출범한 미 '대일조약작업단'은 1949년 11월 2일까지 평화조약 체결을 위한 영토 초안을 계속해서 검토하고 수정을 하였지만 독도가 한국 땅이라는 인식에는 변함이 없었습니다.

13. 보그스 비망록과 정책기획단 문서

미국 국무부의 내 핵심 조직인 정보조사국(INR)은 전 세계의 지명과 관련된 문제에 대한 지침을 결정하는 곳으로 독도 표기와 관련해 관심을 끌었습니다.

새뮤엘 보그스(Sammuel W.Boggs)는 어떤 역할을 했나요?

미 국무부의 지리 담당관 새뮤엘 보그스(Sammuel W.Boggs)는 1930년대부터 최고의 지리 전문가로 유명했습니다. 보그스는 1947년 7월 24일 비망록을 작성하였는데, 1947년 3월 대일조약작업단이 작성한 영토조항 초안을 수정하여 개정된 초안을 미 국무부에 제출했습니다. 보그스는 1951년 9월 대일평화조약 체결을 약 2달 앞둔 시점에서 한국과 미국 사이에 '한국에 반환할 영토로 대일평화조약에 독도를 어떻게 규정하면 좋은가'에 대해 조약 초안을 제시하는 등 중요한 역할을 한 사람이었습니다.

보그스의 비망록은 어떤 특징이 있었나요?

비망록은 일본영토에 포함될 섬(島嶼)과 배제될 지역을 구체적으로 특정하고, 이를 경도·위도의 직선으로 표시하여 해당 내용을 첨부지도에 표시하는 방식을 채택했습니다. 이것은 평화조약에 규정된 영토조항의 불명확성을 제거함으로써 평화조약이 체결된 이후에 발생할 수 있는 섬(지역)에 대한 영유권 분쟁의 불씨를 남기지 않기 위한 것이었습니다. 이 방식은 1949년 말까지 미국의 대일조약 초안의 영토조항에 그대로 사용되었습니다.

그림 21 ▮ 보그스(Boggs) 답변서. 연합국의 대일평화조약 본문에 울릉도 및 독도를 명기할 것을 요구(1951년 7월 31일)

미 국무부는 보그스 비망록을 어떻게 사용했나요?

미 국무부는 보그스가 작성한 영토초안(1947.7.24)을 바탕으로 대일평화조약 초안(Draft Treaty of Peace for Japan)을 작성하였습니다. 이것은 보그스 비망록이 미 국무부 차원에서 공식화된 것으로서 1947년 3월 평화조약 초안과는 달리 일본의 영토를 명백히 규정하고 있는 것이 특징입니다. 1947년 8월 5일 작성된 대일평화조약 초안은 1947년 3월 초안에 있는 1894년 1월 1일 이전의 일본영토로 한정한다는 규정이 삭제되었고, 일본이 러시아와 영토분쟁을 벌이고 있는 북방 4개 섬(하보마이·시코탄·쿠나시리·에토로후)을 모두 일본영토로 기재하고 있습니다. 독도에 대해서는 일본의 영역 외측에 있어 한국영토로 명백하게 표시되어 있습니다.

미국무부 정책기획단 문서는 어떤 변화가 있었나요?

미국무부 내부문서로 1947년 10월 14일에 작성된 정책기획단 문서가 있습니다. 이 문서에는 보그스 비망록(1947.7.24.)과 대일평화조약 초안(1947.8.5.)과는 달리 일본 영토조항과 관련해 류큐제도 등이 일본 영토에서 배제되어 있는 등 약간의 변화가 있었습니다. 하지만 한국의 영토조항과 관련해서는 조약 초안과 동일하게 되어 있어 미 국무부가 '독도는 한국 땅'이라는 인식이 그대로 지속되고 있다는 것을 말해 주고 있습니다.

이어서 미 국무부는 1947년 11월 7일 대일평화조약 초안를 작성하면서 한국과 관련한 영토조항의 경우에는 미국무부 조약초안과 정책기획단 문서(PPS/100)를 그대로 계승하고 있습니다. 한국과 관련 영토조항은 '한국 근해의 모든 섬들'을 '한국 근해의 섬들'로 자구만 약간 수정하는 정도에 지나지 않았으며 여전히 '독도를 한국 땅'으로 표시하고 있었습니다.

1948년 초안 작업에서는 어떤 변화가 있었나요?

미 국무부는 해를 넘겨서도 조약초안 작업을 계속해서 했습니다. 1948년 1월 2일 미국무부는 수정(예비)초안에서 한국과 관련해 '한국인을 위하여(for the Korean People)'라는 문구가 들어간 정도의 변화가 있었고, 그 외에는 1947년 8월 5일 미국무부 초안과 동일하게 되어 있어 '독도는 한국 땅'으로 표시되어 있습니다. 이와 같이 1947

년 1월부터 1949년 11월까지 약 3년 동안 미국무부는 '독도는 한국 땅'라는 일관된 인식을 가지고 있었습니다.

14. 미국을 현혹시킨 일본의 독도 팸플릿

일본 외무성은 1885년(메이지 18년)에 내각 제도가 창설된 이후 단한 번도 명칭이 바뀌지 않은 유일한 부서입니다. 일본의 외교정책, 조약 등 대외관계 사무 전반을 관장하고 있습니다. 제2차 세계 대전에서 패전하여 외교권을 박탈당한 일본은 향후 체결될 대일평화조약이 일본에 유리하게 결정될 수 있도록 전력을 다했습니다.

일본은 대일평화조약에 어떤 노력을 기울였나요?

1947년 미 국무부는 일본과 대일평화조약을 조기에 체결하여 영토 문제를 처리하고자 하였습니다. 미국의 이러한 방침을 눈치 챈 일본은 자국 이익이 최대한으로 반영될 수 있도록 총력(總力)을 기울였습니다. 특히 1945년 포츠담 선언에서 '연합국이 결정할 작은 섬들'에 독도를 포함하여 많은 섬들이 일본영토에 포함될 수 있도록 전방위적인 로비를 하였습니다.

일본 외무성의 팸플릿은 무엇을 주장했나요?

일본 외무성은 연합국 측에 일본의 영토이익을 선전하기 위해 1946년 11월부터 일본이 확보해야 할 섬[도서(Islands) · 소도(Islet) · 암초(rocks)]에 대한 설명 자료를 만들었습니다. 1947년 6월에 「일본의 부속소도」 팸플릿을 간행하였는데, 여기서 제4권(Part IV)에 태평양과 동해(일본해) 지역의 섬들을 소개하고 있습니다. 여기에는 한국의 영토인 '독도(Take)뿐만 아니라 울릉도(Utsuryo)까지 일본의 부속도서라고 기재되어 있습니다. 참으로 황당한 일이 아닐 수 없습니다.

일본 외무성이 만든 팸플릿은 어떤 문제가 있었을까요?

이 팸플릿은 역사적 진실에 대해 '사실과 허위'를 교묘하게 섞어서 미국이 '울릉도와 독도는 일본 땅'으로 현혹할 수 있도록 만들었습니다. 울릉도의 경우 "일본은 1004년부터 울릉도를 우르마섬(Uruma Island)으로 불렀다. 고대부터 한국인들에게도 이 섬은 알려져 왔다. 하지만 울릉도는 범죄자들과 도적들의 편리한 은닉처가 되었다"고 기술하고 있습니다. 하지만, 신라(지증왕 512년) 고려(현종 1018년)시대까지 우산국(于山國)이 지배했던 울릉도가 범죄인들이 숨어서 살고 있는 은신처라고 일방적으로 단정하여 날조 왜곡하고 있습니다.

일본은 울릉도를 어떻게 왜곡했나요?

일본은 "한국 정부는 1400년대 이후 울릉도에 대해 공도정책을 고집하여 실질적으로 울릉도를 포기하였다. 특히 1592년 임진왜란 이후 일본인의 활동이 급증하여 약 1세기 동안 울릉도는 일본의 어업기지가 되었다"고 서술하였습니다. 여기서 '공도정책(空島政策)'을 한국에서는 '쇄환정책(刷還政策)'이라고 부르고 있는데, 울릉도가 왜구의 침입을 당하자 조선 정부가 울릉도에 거주하고 있던 사람들을 육지로 데리고 나온 것을 말합니다.

이 정책은 세종과 성종 시대까지 지속적으로 시행되어 울릉도에는 더 이상 사람이 살지 않는 무인도가 되었습니다. 이를 두고 일본은 조선이 울릉도를 포기한 것으로 주장하고 있지만 이는 타당하지 않습니다. 이것은 조선 정부가 울릉도를 포기한 것이 아닙니다. 오히려 조선 정부가 울릉도 거주민의 생명과 안위를 보호하기 위해 정부 관리를 지속적으로 울릉도에 파견함으로써 영토주권을 행사한 것입니다. 조선 정부가 당시 울릉도를 포기하였다면 울릉도 거주민에 대한 쇄환 정책을 실시할 이유가 없었다고 보아야 합니다.

팸플릿의 독도 관련 왜곡은 무엇인가요?

일본은 "고대부터 독도의 존재를 알고 있었다. 이를 확인해 주는 최초의 문헌은 『은주시청합기(隱州視聽合記)(1667년)』라고 하였다"고 기술하였습니다. 『은주시청합기』는 일본의 시마네현(出雲: 이즈모) 지방 관료였던 사이토 도요노부(齊藤豊宣)가 오키섬을 순시한 후 상부에 보고한 문서입니다. 여기에 "울릉도(竹島)와 독도(松島) 두 섬은 사람이 살지 않는 땅으로 조선(고려)을 보는 것이 운슈(雲州: 현재 시마네현의 동부)에서 온슈(隱州: 오키섬)를 보는 것과 같다. 그러므로 일본의 서북쪽 경계는 이 주(此州: 오키섬)를 한계로 한다."고 기록되어 있습니다.

이것은 일본의 서북부 경계는 오키섬(隱州)까지 임을 밝힌 것입니다. 따라서 동해 바다 일본과의 해양영토 경계선이 조선의 울릉도 독도와 일본의 오키섬으로 구분되었습니다. 『은주시청합기』 문헌에는 오키(은주: 오키국)지도가 실려 있는데, 울릉도와 독도에 해당하는 두 섬은 그려져 있지 않습니다. 이것은 독도가 일본의 영토에서 제외된다는 사실을 증명해 주는 것이라고 볼 수 있습니다.

독도에 대해 날조 왜곡된 사실은 더 없을까요?

일본 외무성 팸플릿은 "유럽인들이 독도를 인지한 것은 프랑스 포경선인 리앙쿠르(Liancourt)호가 1849년에 발견하고 그 이름을 붙였다.

한국의 울릉도는 한국 명칭이 있지만 독도에는 한국 명칭이 없다"고 서술하였습니다. 그러나 독도라는 명칭은 한국과 일본 문헌 양측 기록에 모두 나오고 있습니다. 1906년 심흥택 보고서에 '본군 소속 독도(獨島)'를 비롯해 당시 일본의 불법적인 영토편입을 보도한 「대한매일신보」(1906.5.1.)와 「황성신문」(1906.5.9.)과 황현 선생의 문집(文集) 『오하기문』·『매천야록』에도 독도라는 한국 명칭이 등장하고 있습니다. 1904년 일본 군함 니타카(新高)호 『행동일지(行動日誌)』와 『일본수로지(日本水路誌)』(1920년 제10권(상))에 '한인(韓人)은 독도(獨島)라고 쓴다'를 분명하게 기록하고 있기 때문에 일본 팸플릿의 내용은 거짓이라는 것을 알 수 있습니다.

팸플릿을 작성한 사람은 누구인가요?

한국의 고유영토인 울릉도와 독도를 일본 영토로 왜곡하는 팸플릿을 만든 사람은 일본 외무성의 관료인 가와가미 겐조(川上健三)로 보고 있습니다. 그는 교토제국대학 사학과에서 지리학을 전공하였고, 제2차 세계대전 중에는 참모본부와 대동아성(省)에서 근무하였습니다. 이러한 경력을 가지고 일본 외무성 조약국에 근무하면서 '독도가 일본 땅'이라는 논리를 미국무부에 주입시키기 위해 영토에 관한 역사적 사실을 조사하여 보고서를 작성한 것으로 알려져 있습니다. 그 성과물이 바로 1947년 팸플릿으로 보입니다. 가와가미 겐조는 1950년대 한일간의 독도분쟁이 발생할 당시 일본 측 성명을 작성하는 데 주도적인 역할을 했습니다. 그는 일본 측 독도연구의 최고의 권위자로서 1966년에 펴낸 『다케시마(竹島)의 역사지리학적 연구』는 현재까지도 일본 정부의 독도영유권 주장 논리의 정석으로 평가를 받고 있습니다.

팸플릿의 배포는 어떤 영향을 미쳤나요?

일본은 날조왜곡된 외무성 팸플릿을 미 국무부와 연합국최고사령부(GHQ)에 대량으로 전달하였습니다. 일본의 '독도에 대한 한국 이름이 없다'는 서술은 한국이 독도라는 섬의 존재 자체를 처음부터 인식조차 하지 못했다라는 터무니없는 이야기입니다. 이렇게 독도에 대한 역사적 사실을 교묘하게 날조 왜곡하여 작성된 팸플릿은 미국이 독도에 대한 사실관계를 잘못 인식하는데 상당한 영향력을 미쳤습니다. 일본의 국익을 위해 독도의 역사적 사실을 왜곡하고 진실을 은폐한 1947년 팸플릿의 악몽이 지금까지도 사라지지 않고 있습니다.

15. 주일외교관 시볼드(Sebald)와 독도

1947년 1월에 작성된 미국 대일평화조약 초안부터 1949년 11월 2일 작성된 조약초안과 첨부된 부속지도에 '독도는 한국 땅'으로 인정되어 있었습니다. 하지만 1949년 12월 29일 미 국무부 대일조약작업단이 작성한 조약 초안에는 '독도가 일본 땅'이라고 하여 독도의 법적 지위에 변화가 발생하였습니다. 그 중심에는 바로 로비스트 외교관 윌리엄 시볼드(William J. Sebald)가 있었기 때문입니다.

시볼드가 어떻게 평화조약 초안에 영향을 미쳤나요?

미 국무부는 '독도가 한국 땅'으로 된 대일평화조약 초안(1949. 11. 2.)에 대한 연합국최고사령부(GHQ)의 의견을 수렴하기 위해 시볼드 주일 정치고문에게 초안을 송부하였습니다. 맥아더 사령부의 권위에 편

승하여 GHQ 외교국장을 겸직하고 있던 시볼드는 구체적인 근거자료
도 제시하지 않고 미 국부부에 두 차례에 걸친 의견을 전달했습니다.

시볼드의 보고 내용은 무엇이었나요?

시볼드는 미 국무부에 단순히 일본 문건을 전달하는 데 그치지 않
았습니다. '독도는 일본 땅'이라는 일본 외무성이 발행한 1947년 팸플
릿의 왜곡된 논리에 설득을 당한 시볼드는 1949년 11월 14일 "독도
(다케시마)에 대한 일본의 주장은 오래되었고 타당성이 있는 것으로
보인다"는 의견을 보냅니다. 닷새 후 1949년 11월 19일 서면(書面)으
로 된 추가의견서를 통해 "독도를 일본 영토에 포함시켜야 한다. 안
보적으로 고려할 때 독도에 기상 및 레이더국을 설치하는 것은 미국
의 이익과도 결부된 문제"라고 주장했습니다. 시볼드가 러·일전쟁 당
시 독도에 일본 해군의 무선 전선과 감시 망루가 설치되었다는 점을
부각시켜 미국의 군사적 이익을 독도에 결부시켜 일본 영토로 변경하
고자 한 것입니다.

시볼드의 주장은 어떤 결과를 가져왔나요?

시볼드의 주장으로 1949년 12월 29일에 작성된 미 국무부 조약 초
안에 "독도가 한국영토에 포함되는 섬"에서 삭제되었습니다. 독도 영
유권에 대해 이전에 작성된 조약 초안과는 180도로 바뀌어 '독도가
일본 땅'으로 된 것입니다. 시볼드는 "일본의 영토 경계선을 선(線)으
로 표시하고 지도를 첨부하는 것은 심리적으로 불이익을 주기 때문에
이를 폐기해야 한다"고 주장한 사실이 있습니다. 미 국무부는 시볼드
주장을 받아들여 일본 영토 경계선을 완전히 둘러싸는 방법도 배제하

였습니다. 그 결과 독도 영유권분쟁의 불씨로 남게 되었습니다.

시볼드는 어떤 인물이었나요?

시볼드는 미 해군사관학교 출신으로 일본계 여성과 결혼을 하고 일본 문화에도 심취하였습니다. 1945년 12월 주일미대사관 외교관으로 근무했고 1947년 3월 맥아더사령부 정치담당관이 되었습니다. 그는 "1930년대부터 나는 한국에 여섯 번이나 건너가 보았지만 한국에 대해 받은 인상은 슬프고 억압받고 불행하며 가난하고 말이 없고 음울한 민족"이라고 말했습니다. 『일본민법』을 영어로 번역하여 출판할 정도로 일본어 구사가 자유로웠습니다. 따라서 로비스트 시볼드는 일본의 이익을 위해 한국을 희생시킬 용의가 충분한 인물이었습니다.

그림 22 ▌ 1951년 1월 도쿄 덜레스 미국대통령 특사, 시볼드 주일미정치고문, 요시다 시게루 일본 총리(왼쪽부터)

시볼드와 일본 정부의 관계는 어땠나요?

1947년 8월 17일 당시 징벌적 반일 강경 자세를 취했던 GHQ 외교국장이자 주일정치고문인 조지 앳치슨이 비행기 추락 사고로 갑자기 세상을 떠나게 되었습니다. 이로 인해 맥아더의 신임을 얻고 있던 시볼드는 조지 앳치슨 자리를 이어 받아 GHQ 외교국장으로 빠르게 승진하였습니다. 그 이후 시볼드는 일본에서 자신의 입지를 넓혀가며 1952년 대일평화조약이 발효할 때까지 대일 이사회 대표 자리를 맡았습니다. 사실상 주일 미국대사 역할을 하면서 일본인 유력인사와 친분 관계를 유지하였습니다. 일본 외무성 관료들은 수시로 시볼드 관저를 방문해 일본이 만든 '독도 일본 땅' 팸플릿을 전달했고 때로는 한 밤중에 은밀하게 만남을 가졌다고 합니다. 시볼드의 활동은 외교적 로비가 독도 문제에 큰 영향을 미칠 수 있음을 보여주며, 외교사의 교훈을 되새기게 합니다.

16. 미국무부의 독도 오판 숨은 원인

1949년 11월 19일 시볼드가 "독도는 일본 영토가 맞다"라고 주장한 이후, 1949년 12월 8일자 및 1949년 12월 29일자 미국무부 각 조약 초안에 독도가 일본령으로 표시되었고, 해가 바뀌어 1950년 1월 보그스 비망록·1950년 7월 '대일평화조약초안 논평'·1950년 7월 18일자 및 8월 3일자 각 조약 초안에도 독도는 여전히 일본령으로 표시되었습니다.

미국무부가 독도를 일본령으로 오판하게 된 계기는 무엇인가요?

1950년 1월 3일 미국무부 지리담당관 새뮤얼 보그스는 동북아시아과 '해밀턴과 피어리'에게 「대일평화조약 초안, 영토조항」이라는 비망록을 송부했습니다. 이 비망록에는 '독도가 한국 땅'이라는 내용이 삭제되었고, 독도의 오른쪽 외곽으로 그어진 영토경계선이 표시된 부속지도가 사라졌습니다. 1950년 7월에 작성된 「일본과의 평화조약 초안에 대한 논평」에서 '독도는 일본 땅'으로 해석하였습니다.

시볼드의 주장은 어떻게 미국무부에 영향을 미쳤나요?

미국무부의 비망록과 초안이 이렇게 그려진 만들어진 이유는 시볼드(Sebald)가 "울릉도(다줄렛: Dagelet)에는 한국 명칭이 있지만, 독도(리앙쿠르: Liancourt)에는 한국 명칭이 없고, 한국에서 제작된 지도에 나타나지 않는다. 영토관련 부속지도에 경계선을 긋는 것은 일본이 심리적으로 위축될 수가 있다"는 주장을 미국무부가 수용했기 때문입니다.

미국무부는 왜 시볼드의 주장을 수용했나요?

미국무부가 시볼드 건의를 수용한 근거는 1947년 6월 일본 외무성이 제작해 연합군 최고사령부(GHQ), 미국무부에 배포한 허위 날조된 팸플릿(「일본의 부속소도 IV, 태평양 소도, 일본해 소도서」)에 '독도를 일본 오키섬에서 취급하고 있다'는 등 독도가 일본 땅으로 기술되어 있는 것에 영향을 받았기 때문입니다. 일본 도쿄에서는 시볼드가, 미국 워싱턴에서는 피어리가 독도의 진실을 왜곡한 일본 팸플릿의 내용에 속아서 '독도를 일본 땅'으로 잘못 판단했기 때문입니다.

당시 미국무부의 판단이 왜 잘못되었나요?

당시 미국무부가 '독도에 한국 명칭이 없으며 역사적으로 독도는 한국령이 아닌 것 같다'고 인식한 것은 명백히 잘못된 판단입니다. '독도'라는 한국식 명칭은 한국의 자료뿐만 아니라 이전의 일본과 미국의 자료에도 등장하고 있기 때문입니다. 더욱이 한국이 독도를 인지하고 영유권이 한국에 있었다는 다수의 조선 정부 공식문헌이 있습니다. '독도에 한국 명칭이 없고 독도가 한국의 일부로 취급된 적이 없다'는 미국의 인식은 명백히 잘못된 것입니다.

시볼드 주장이 바탕이 된 '독도에 대한 일본의 영유권 주장은 오래되고 유효하고, 한국 지도에 독도가 나타나지 않는다'는 당시 미국무부 인식 역시 명백히 잘못된 판단입니다. 독도에 대한 일본의 영유권 주장은 오래되기는 커녕 1905년 이전까지는 독도를 한국 영토로 인정하고 있었기 때문입니다. 16세기 이후 한국 고지도에 독도가 '우산도(于山島)'라는 명칭으로 나타나 있습니다.

1877년 일본 메이지정부 최고의사 결정기관인 태정관이 내린 '독도는 일본 땅이 아니다'라는 지령과 1905년 '독도가 주인이 없는 땅'(무주지 선점)으로 시마네현에 영토편입을 하기 전에 일본이 '독도를 한국령'으로 인정한 공식문헌이 다수 존재하고 있습니다. 일본에서 제작한 지도에도 독도가 마쓰시마(松島)라는 명칭으로 정확하게 표기되어 등장합니다.

일본은 왜 미국무부를 오도했나요?

당시 미국무부 정부관리가 독도 영유권에 대한 오판을 하게 된 배경에는 일본 정부가 1947년 6월 대일평화조약을 체결하는 과정에서 '독도를 일본 땅'으로 만들기 위해 선제적인 대응조치를 준비한 것에 있습니다. 일본은 한국의 독도 영유권을 부정하기 위해 날조된 홍보 팸플릿을 만들어 미국무부에 배포하면서 일본 이익에 유리한 정보만을 왜곡하여 제공하였습니다. 특히, 1949년 11월 주일 정치고문 시볼드는 미국무부에 단 하나의 근거자료도 제시하지 않고, 한국의 입장을 완전히 무시한 채 일본 측 논리를 일방적으로 전달했습니다. 이것은 미국무부가 독도영유권에 대한 사실 관계를 잘못 판단하는 데 상당한 영향을 미쳤습니다.

한국 정부는 당시 어떤 상황이었나요?

당시 한국 정부와 주미한국대사관에서는 '독도를 일본 땅'으로 뒤바꿔 놓은 시볼드의 행동과 태도, 그의 편파적 진술에 따라 조약 초안이 변경된 사실을 인지하지 못했습니다. 한반도는 남북 분단상태에서 38도선을 기준으로 공산주의와 자본주의 체제 이념 논쟁으로 하루도 조용할 날이 없었습니다. 극도로 혼란한 시국에서 한국은 저 멀리 동해 바다 외로운 섬 독도에 대한 국제적 정세에 눈을 돌릴 여유가 없었습니다.

17. 이승만 대통령 평화선(平和線)과 독도

제2차 세계대전에서 승리한 연합국총사령부가 설정한 '맥아더라인'에 의해 수산(水産) 강대국인 일본 어민들의 어획량은 급속히 위축되었습니다. 이러한 상황에서 맥아더라인이 철폐되면 일본 어선들이 한국 연근해를 자유롭게 침범하여 어족자원을 남획할 것은 자명한 사실이었습니다.

한국정부는 '맥아더라인' 철폐에 대해 어떤 방책을 마련했나요?

한국은 연합국최고사령부가 해체되면 자동적으로 폐기될 '맥아더라인'의 정신을 지키기 위한 방책이 필요하였습니다. 한국 정부는 어업자원 보존과 독도 영유권 강화를 위해 해양주권을 선포하기로 하였습니다. 이에 1951년 7월 주미대사 양유찬은 미 국무부의 덜레스를 만났습니다. 양유찬 대사는 "대일평화조약에 한국 연해에서 일본 어선의 조업을 제한하는 조항이 포함되지 않으면 장래 한일간 분쟁의 근원이 될 것이고, 최근 맥아더라인을 침범한 일본 어선 34척을 한국 해군이 나포한 바 있다"고 지적하면서 맥아더라인의 존속을 요구하였습니다. 그러나 미국의 덜레스는 "대일평화조약에 '특정한 공해상' 어업문제를 다루는 조항은 포함되지 않는다"고 대답하여 한국의 맥아더라인 유지를 거부했습니다.

1951년 8월 25일 실무회의에서 어떤 방안이 제시되었나요?

1951년 8월 25일 피난수도 부산의 경남도청에 마련된 임시 국무회의실에서 '맥아더라인'과 관련하여 관계부처 실무회의를 하였습니다. 여기서 상공부 수산국 어로과장인 지철근이 한반도 주변 바다에 '어업보호관할수역'을 일방적으로 설정하는 방안을 제시했습니다. 이 보호수역 획정은 1929년 일제가 만든 '트롤어업금지구역선'을 기준으로 설정하였는데, 동해에는 울릉도까지만 포함되었고 독도는 제외되어 있었습니다.

실무회의에서 논의한 방안은 수정없이 최종적으로 수용되었나요?

상공부의 완성된 안을 가지고 경무대(景武臺) 법률 담당 비서관 임철호는 외무부 정무국장 김동조를 만나서 상의를 했습니다. 김동조 국장은 "외무부의 장윤걸, 김영주 사무관 등과 함께 일본의 마구잡이 남획으로부터 우리 어업과 어족을 보호하는 길은 우리의 능동적 주권 행사를 독자적으로 모색하는 것뿐이었다. 바다에 대한 주권행사를 어떻게 하느냐 하는 문제를 연구했는데, 독도를 관할 수역 외측에 두면 독도가 한국 영토가 아니라는 잘못된 인식을 줄 수 있기 때문에 상공부 안을 수정하여 독도를 어업보호수역 안에 특별히 넣었다. 당시 자문에 응했던 일부 인사들은 순수한 어업보호수역의 설정을 위해서라면 독도 포함이 명분에 맞지 않는 일이라고 반대하기도 했지만, 앞으로 한일 간에 야기될지도 모를 독도 분규에 대비해 주권 행사의 선례를 남겨 놓는 것이 반드시 필요하다고 생각했다"고 말했습니다.

외무부가 마련한 안은 국무회의에서 통과되었나요?

변영태 외무부장관은 1951년 9월 대일평화조약 체결이 이루어지기 이전에 외무부가 마련한 '어업관할수역'을 선포하기로 결심하였습니다. 그는 서둘러 국무회의에 '어업관할수역 선포에 관한 건'을 긴급 상정하여, 1951년 9월 7일 임시국무회의에서 동 안건이 통과되었습니다. 그러나 이승만 대통령은 국무회의에서 통과된 이 안을 곧바로 재가하지 않았습니다. 그 이유는 미국 프린스턴 대학에서 정치학 국제법을 연구하여 박사학위를 취득한 이승만 대통령이 향후 일본 외교에서 주도권을 확보하기 위한 전략적 차원으로 알려지고 있습니다.

이승만 대통령은 평화선을 언제, 어떤 내용으로 선포했나요?

1951년 1월 18일 이승만 대통령은 경무대에서 「인접해양의 주권에 관한 대통령 선언」(국무원 고시 제14호) 이른바 평화선(平和線)을 선포하였습니다. 이 평화선은 대한민국 정부가 한반도 연안 70해리에서 150해리에 걸친 대륙붕과 인접해안에 존재하는 자원의 배타적 지배를 위한 관할권 행사와 독도를 포함한 국가방위를 포함하여 인근 수산자원을 보호하기 위한 주권행사를 목적으로 한 것입니다.

1952년 7월 18일 일본 제국주의 침략에 따른 식민지 통치에 대한 극심한 반감을 가지고 있었던 이승만 대통령은 평화선을 침범하는 일본 어선을 나포하라고 해군에게 지시했습니다. 1952년 10월 4일 포획심판령을 제정하고 포획고등심판소 설치와 함께 1953년 12월 어업자원보호법을 제정하였습니다.

이승만 대통령은 당시 영해 3해리 해양국제법을 고려해 볼 때 독도를 포함한 한국의 일방적 어업보호수역 선포는 일본뿐만 아니라 미국 등 많은 국가들의 반발이 초래될 것을 우려하면서도 평화선을 통해 독도영유권이 한국에 있다는 사실을 전 세계적으로 선포한 것입니다. 이것은 한국정부가 1952년 대일평화조약에 '독도가 한국 영토로 명기되지 않았다'는 사실을 알고 독도 영유권 분쟁에 대비하기 위한 선제적 대처방안이었습니다.

평화선 선포 이후 일본의 반응은 어땠나요?

1952년 이승만 대통령의 평화선 선포에 대한 일본의 충격과 반발은 대단하였습니다. 일본의 극우 세력들은 도쿄의 히비야 공원, 오사

카의 나카노시마 공회당에 모여 "평화선(이승만라인) 절대반대"의 규탄 시위와 함께 '일본영토로 인정된 독도를 평화선에 넣은 것은 한국의 일방적 영토침해'라고 반발하면서 한일간에 독도 분쟁이 본격화되었습니다.

대한민국 건국의 초대 이승만 대통령은 광복 후 일본과 대한민국의 독도문제라는 장작불에 기름을 쏟아 부은 장본인이라는 평가를 받고 있습니다. 조용한 외교의 반대론자로서 강력한 외교를 통해 독도 영유권을 주장했습니다. 현재 일본의 독도침탈 공세가 해방 당시보다 더욱 치밀하고 다각적으로 독도침탈을 하고 있습니다.

결론: 평화를 위한 법과 대화를 지향하며

무력 행사

무력 행사, 특히 전쟁을 통해 영토 문제를 해결하는 것은 현행 국제법상 위법 행위로 간주되며, 정당성을 인정받을 수 없습니다. 무력 충돌은 한일 양국 모두에게 큰 손실을 초래할 뿐 아니라, 국제 사회에서도 비난을 받을 가능성이 높습니다. 따라서 독도 문제는 평화적 방법으로 해결하는 것이 중요합니다.

외교 협상

외교 협상을 통해 양국이 합의하여 영토 문제를 해결하는 방법이 있습니다. 영토 조약을 체결하거나 일방이 영유권 주장을 포기하는 방식입니다. 그러나 한국과 일본 중 한 나라가 독도를 양보하는 것은 현실적으로 어려운 상황입니다. 한국이 독도를 양보하는 것은 불가능하며, 일본 역시 독도 주장을 포기하지 않을 것입니다.

미해결의 보류

'미해결의 보류' 방식은 1965년 한일 국교 정상화 회담 당시 논의된 '독도 밀약'의 형태로 처리되었던 방법입니다. 이는 문제를 당장 해결하지 않고 미래로 미루는 방안이었으나, 1996년 이후 이 약속은 깨졌고, 이후 독도 관련 여러 사건들로 인해 이 방법은 더 이상 유효하지 않게 되었습니다.

ICJ 제소

국제사법재판소(ICJ)에 제소하여 법적 판단을 받는 방법입니다. 일본은 독도 문제를 ICJ에 제소하여 해결할 것을 주장하고 있으나, 한국 정부는 독도 문제를 정치적 분쟁으로 판단하고 있어 법적 판단을 받을 이유가 없다는 입장입니다. 따라서 한국은 일본의 ICJ 제소에 반대하고 있습니다.

결국, 독도 문제는 어느 한 쪽의 주장만으로 해결되기 어려운 복잡한 문제입니다. 한일 양국 국민들이 독도의 실체적 진실을 올바르게 이해하고, 감정적 대응보다는 평화적이고 냉정한 접근이 필요합니다. 이를 위해서는 교육과 홍보를 통해 국민들이 올바른 역사적 인식을 갖도록 하고, 양국 정부가 외교적 노력을 기울여야 합니다. 궁극적으로 독도 문제는 양국 간의 신뢰와 협력을 바탕으로 해결해야 할 과제입니다.

한민족의 미래와 함께하는 독도

독도는 국제법적으로 대한민국의 영토입니다. 하지만 최근에 일본은 독도 수역에서 초계 비행과 군사훈련을 통해 국제분쟁 지역화를 조장하고 있습니다. 일본은 독도분쟁을 평화적으로 해결하기 위해서는 이 문제를 국제사법재판소(ICJ)에 회부하여야 한다고 주장합니다. 향후에 극도로 흥분한 한국인 민심을 달래기 위해 한국 정부가 해병대 파견 등 독도에 군사력을 동원할 경우 일본의 ICJ 목표 달성은 훨씬 수월해 지게 됩니다. 일단, 독도에 대한 강경책이 국익에 어떤 도움이 되는가에 대한 논의는 제쳐두고, 독도수호를 위한 올바른 인식을 갖추어야 합니다.

독도수호를 위한 국가관

독도는 "1945년 해방과 함께 한국의 품으로 돌아온 최고의 상징입니다. 그러나 지금도 일본이 '독도에 대한 영유권 주장을 하고 있어 한국영토 독도에 대한 해양주권은 미완성인 채로 남아 있습니다. 대학 강단에서 독도수업을 하면서 한국과 일본 사이에 있는 동해(East Sea) 바다에 독도가 존재하는 한 어쩌면 영원한 분쟁이 될 수도 있다고 생각했습니다.

우리 정부는 어떻게 대응해야 하는 것인가요? 대한민국 정부의 독도정책을 어떻게 해 왔는지 그 역사 속에서 해답을 찾을 수 있다고 봅니다. 안타깝게도 우리 정부의 독도정책은 대증요법 냉온탕식 도돌이표 정책이라는 비판을 받고 있습니다.

한반도를 둘러싸고 영토안보 문제가 심각한 상황 속에서 누가 이 시대적 국가 현안을 담당하여 5천만 한민족의 독도주권을 지켜줄 것인가요? 폭서(暴暑)의 계절 8월에는 1945년 일제 식민지로부터 해방이 되어 기쁨과 환희의 광복절이 있습니다. 그 반면에 대한제국이 1910년부터 일본 식민지의 처절한 고통과 아픔을 겪는 경술국치(庚戌國恥)가 있기도 합니다.

다시는 우리나라가 이러한 역사적 희생을 되풀이 하지 않기 위해 자라나는 세대들에게 민족에 대한 자존심과 자긍심을 고취하여 민족의 정체성과 호연지기를 기르고 올바른 국가관을 갖도록 해야 합니다.

해방 후 독도를 지켜 온 사람들

1945년 해방 이후 독도를 수호하기 위해 노력한 인물들이 있습니다. 1947년 험난한 파도를 건너 독도에서 동식물 표본채집, 한국 땅 표목을 설치한 조선산악회 울릉도·독도학술조사대원(약 80명)과 미 군정하에서 독도조사대를 파견한 안재홍 민정장관이 있습니다. 당시 조사대 활동을 통해 얻은 정보를 가지고 대국민 독도홍보에 앞장 선 언론인 홍종인, 울릉군청에서 '심흥택 보고서'를 발견한 국사관 관장 신석호, 1900년 고종황제 칙령 41호 '석도'의 어원적 연구를 제시한 국어학자 방종현, 울릉도 초기 개척주민 홍재현 할아버지 증언을 기록한 외무부 추인봉이 있습니다.

1950년 한국전쟁으로 인해 수도를 부산으로 피난한 상황에서 일본이 독도를 침탈했습니다. 이때 민간 차원에서 독도를 수호한 독도의용수비대 대장 홍순칠은 국립경찰과 공조하여 독도수호를 위한 경비활동을 비롯해 등대 건설, 경비 초사, 급수장 영토 표석 설치 등에 기여하였습니다. 1965년 울릉도 주민 최종덕이 처음으로 독도에 들어갔는데, 1981년 주민등록을 독도로 옮겨서 딸, 사위와 함께 16년간 살았습니다. 그 뒤를 이어 미역·전복, 어로채취 등을 하며 독도의 서도에서 생활한 김성도 부부가 있었습니다.

독도수호와 국력강화

19세기 메이지 정부 시대 정한론에 의한 국가정책의 흐름 속에서 일본은 "조선이 청나라의 지배에서 벗어난 자주국으로서 일본과 동등한 권리를 갖는다"는 허울좋은 미사여구로 한반도를 침략했습니다. 당시 울릉도 독도침탈은 일본인들의 경제적 이익을 목적으로 한 자원 수탈적 가치대상이었습니다. 하지만 일본은 20세기에 들어와 나라의 운명을 건 한판 승부인 러·일전쟁에서 승리하기 위해 울릉도 독도는 군사 전략상 매우 중요한 가치 대상으로 발전하였습니다. 일본 정부의 고위 관료들은 독도가 한국의 영토라는 사실을 잘 알면서도 시마네현에 불법적으로 영토편입을 하였습니다.

한국 정부는 21세기 미래를 향한 한일 동반자 관계를 역설하고 있습니다. 독도 문제가 한일 양국의 우호적 관계에 장애가 되어서는 곤란하다는 입장입니다. 그러나 일본은 '독도는 영토 문제이지 역사 문제가 아니다. 한국이 감정적으로 과거사 문제와 자꾸 결부시키려고 한다. 일본은 중국 등 다른 나라는 전쟁을 통한 무력침략을 했는지 몰라도 적어도 한국은 조약을 체결하여 합법적으로 식민지로 만들었다'고 주장합니다. 이렇게 일본은 '마이동풍(馬耳東風) 소 귀에 경 읽기'식으로 독도문제를 한일관계의 핫이슈로 몰고 가고 있습니다.

일본이 19세기 제국주의 열강 시대 상황에 비추어 조선을 군사무력으로 침략한 행위를 적법하다고 말하는 것은 올바른 역사 인식이 아닙니다. 한민족의 생명이 숨 쉬고 있는 독도를 수호하기 위해 어떻게 해야 할까요? 우리는 한반도 주변의 냉혹한 현실을 직시할 필요가 있습니다. 일본의 군국주의 부활, 중국의 대국굴기, 북한의 핵무기 군비 강화 등을 보면 이이 선생의 '10만 양병설'과 서애 류성룡의 '징비록'은 유비무환의 정신무장을 일깨워 주는 지침이 아닐 수 없습니다.

독도 문제는 과거의 역사적 진실 논쟁을 넘어서 한일 관계의 정치적 교육적 영토분쟁으로 비화되고 있습니다. 한민족이 평화롭게 살아가야 할 영토는 소중한 것입니다. 동북아의 진정한 평화를 위해 꺼지지 않는 마음의 횃불을 들어야 합니다. 검푸른 동해 바닷길을 밝히기 위해 독도에는 등대가 있습니다. 동방의 등불이 평화의 횃불로 전 세계에 퍼질 수 있도록 해야 합니다. 국가적 이익 충돌이 아무리 심각해도 전쟁과 같은 무력행사는 결코 사용해서는 안 됩니다. 한반도에 영구적인 평화 체제가 유지될 수 있는 방안이 무엇인가? 끊임없이 질문을 던지고 있습니다.

참고문헌

(도서)

강준식.『독도의 진실: 독도는 우리 땅인가』, 소담출판사, 2012

권오엽,『獨島와 竹島』, 제이앤씨, 2005

_____.『독도와 안용복』, 충남대학교출판부, 2009

김명기.『독도의 영유권과 실효적 지배』, 우리영토, 2007

김병렬.『한일 전문가가 본 독도』, 다다미디어, 2006

김호동.『독도. 울릉도의 역사』, 경인문화사, 2007

나홍주.『독도의용수비대의 독도주둔 활약과 그 국제법적 고찰』, 책과사람들, 2007

박병섭.『독도＝다케시마 논쟁: 역사자료를 통한 고찰』, 보고사, 2008

예영준.『독도실록: 1905』, 책밭: 늘품플러스, 2012

송병기.『울릉도와 독도 그 역사적 검증』, 역사공간, 2010

신용하.『독도의 민족사적 이해』, 지식산업사, 2006

_____.『한국의 독도영유권 연구』, 경인문화사, 2006

유미림.『팩트체크 독도』, 역사공간, 2018

윤명철.『독도, 역사와 국제법』, 경인문화사, 2011

이진명.『독도, 지리상의 재발견』, 삼인, 1998

정병준.『독도 1947: 전후 독도문제와 한. 미. 일 관계』, 돌베개, 2010

정재민『독도 인 더 헤이그』나남, 2011

_____.『국제법과함께 읽는 독도현대사』나남, 2013년

_____.『독도는 법이다』나남출판, 2021년

정재정.『독도영유권의 법적 쟁점』, 박영사, 2014

정태상.『독도문제의 진실』, 만권당, 2020

호사카유지.『우리 역사 독도』, 성안당, 2009.

_____.『대한민국 독도』, 성안당, 2010

최장근, 『일본의 독도 영유권 날조의 본질』, 제이앤씨, 2021

최홍배, 『사랑으로 지키는 독도』, 호박넝쿨, 2011

홍성근, 『독도문제의 국제법적 연구』, 법문사, 1999

(논문)

곽진오. "『竹島問題 100問 100答』을 통해서 본 일본의 독도영유권주장과 한계", 독도연구 영남대학교 독도연구소, 2014

_____. "일본의 독도영유권주장과 모순 ― 시정권(施政權)을 중심으로 ―" 日本學報 Vol.0 No.123 한국일본학회, 2020

도시환. "1905년 일본의 독도침탈과 일제식민주의의 국제법적 법리 검토", 독도연구, 영남대학교 독도연구소, 2023.12.

_____. "독도주권과 국제법적 권원의 계보에 관한 연구 — 일본의 독도영유권 주장의 원원을 중심으로 — 독도연구 영남대학교 독도연구소 2020

박지영, "독도 영유권 문제에 대한 한·일 양국의 기본적인 입장에 관한 고찰 — 교환공문에 나타난 역사적 근거를 중심으로 —" 독도연구 영남대학교 독도연구소, 2021

박병섭, "독도 영유권에 대한 역사·국제법 학제간 연구" 독도연구 영남대학교 독도연구소, 2019

서인원, "러·일전쟁 시기 일본의 울릉도·독도 군사적 침탈" 독도연구 영남대학교 독도연구소, 2023

오상학, "일본 측 독도영유권 주장의 비판적 검토 : 역사지리학적

오상학, "일본 측 독도영유권 주장의 비판적 검토 : 역사지리학적 내용을 중심으로", 독도연구, 영남대학교 독도연구소, 2009

이상균·안동립, "안용복의 울릉도 도해 및 도일경로에 대한 비판적 고찰", 독도연구 영남대학교 독도연구소, 2019.

이상태, "일본 고지도가 증명하는 독도 영유권" 독도연구, 영남대학교 독도연구소, 2013

이성환, "독도영유권 관련 태정관지령 자료에 대한 법리적 검토", 영토해양연구, 동북아역사재단 2023.12

_____. "태정관지령과 샌프란시스코 조약의 관련성에 대한 검토- 독도영유권 문제와 관련하여 – 독도연구 영남대학교 독도연구소, 2016

이태우, "1947년 조선산악회 울릉도·독도 학술조사단의 독도조사 활동과 성과", 독도연구, 영남대학교 독도연구소, 2023

_____. "해방 후 한국인의 독도영유권 인식의 보편화와 체화- 언론 보도기사와 기록물을 중심으로 – 독도연구, 영남대학교 독도연구소, 2024

정영미, "독도 영유권 관련 자료로서의「죽도고증(竹島考證)」의 역할과 한계", 독도연구, 영남대학교 독도연구소, 2014

최장근, "일본의 독도 도발과 미 공군의 독도 폭격사건", 일본문화학보, 한국일본문화학회, 2023.8

_____. "죽도문제연구회'의 일본 고문헌 기록에 대한 독도 영유권 해석 날조 – 좌장 SM씨를 중심으로 –" 독도연구, 영남대학교 독도연구소, 2022

최철영, "독도영유권의 권원으로서 지리적 근접성 검토" 독도연구, 영남대학교 독도연구소, 2021

(인터넷 자료)

외교부 독도: https://dokdo.mofa.go.kr

교육부 공식 블로그:티스토리 https://if-blog.tistory.com/

동북아역사재단 http://contents.nahf.or.kr/

울릉군 독도박물관 https://www.dokdomuseum.go.kr/ko/main.do

경상북도 독도재단 https://www.koreadokdo.or.kr/

일본 내각관방 영토주권대책기획실 https://www.cas.go.jp/jp

일본 외무성 https://dokdo.mofa.go.kr/

동아일보 https://www.donga.com/

조선일보 https://www.chosun.com

중앙일보,https://www.joongang.co.kr/

연합뉴스 https://www.yna.co.kr/

오마이뉴스 https://www.ohmynews.com/

월간조선 뉴스룸 https://monthly.chosun.com/

한길타임스 http://hangiltimes.com/

한민족문화백과대사전 https://encykorea.aks.ac.kr/

디지털의성문화대전 https://www.grandculture.net/uiseong/

독도본부 http://www.dokdocenter.org/

위키피디아 https://ko.wikipedia.org/

나무위키 https://namu.wiki/w/

독도(Dokdo) 다시 술(述)하다

초판발행	2024년 9월 23일
지은이	최홍배
펴낸이	안종만·안상준
편 집	조영은
기획/마케팅	박부하
표지디자인	이은지
제 작	고철민·김원표
펴낸곳	(주) **박영사**
	서울특별시 금천구 가산디지털2로 53, 210호(가산동, 한라시그마밸리)
	등록 1959. 3. 11. 제300-1959-1호(倫)
전 화	02)733-6771
f a x	02)736-4818
e-mail	pys@pybook.co.kr
homepage	www.pybook.co.kr
ISBN	979-11-303-2122-6 93910

copyright©최홍배, 2024, Printed in Korea

* 파본은 구입하신 곳에서 교환해 드립니다. 본서의 무단복제행위를 금합니다.

정 가   18,000원